ANGST EN SCHOONHEID

BAS HEIJNE BIJ DE BEZIGE BIJ

Suez
Onredelijkheid
Vlees en bloed
Moeten wij van elkaar houden?

Bas Heijne

Angst en schoonheid

Louis Couperus, de mystiek der zichtbare dingen

2014
DE BEZIGE BIJ
AMSTERDAM

Voor Peter

Eerste druk september 2013
Tweede druk oktober 2013
Derde druk april 2014
Omslagontwerp Studio Jan de Boer, met dank voor het gebruik van de Collectie Matla
Foto auteur Bart Koetsier
Vormgeving binnenwerk Adriaan de Jonge
Druk Bariet, Steenwijk
ISBN 978 90 234 7801 0
NUR 323

www.debezigebij.nl

‘Ik zie te veel door alles heen.’

Paul van Lowe in *De kleine zielen*

‘Only in man’s imagination does every truth find an effective and undeniable existence. Imagination, not invention, is the supreme master of art as of life.’

Joseph Conrad – *A Personal Record*

Lezers

Couperus lees ik al bijna dertig jaar; hij heeft mij meer over mijzelf geleerd dan welke denker ook. De vragen die hij zich in zijn beste werk stelt zijn voor mij nog even rauw en schurend als toen hij er de veelal onbegrijpende lezers in zijn eigen tijd mee confronteerde: hoe kan een mens zichzelf overeind houden in een wereld waarin alles vergankelijk is, waarin geen blijvend houvast te vinden is in geloof, filosofie, ideologie, waarin de mens die zich ontworstelt aan de benepenheid van zijn eigen kleine sociale wereld niet automatisch een rijker, zinniger leven wacht, maar misschien juist de wanhoop van de totale leegte?

Toen ik Couperus begon te lezen, ik was begin twintig, was hij voor mij vooral een verrassend *brutale* schrijver – de vanzelfsprekendheid waarmee hij over seks schreef, de vileine zinnetjes waarmee hij zijn Haagse personages neerzette, de ongeremdheid waarmee hij zijn vaak bizarre dweepzucht ruim baan gaf. Hier was een schrijver die de wereld volledig naar eigen inzicht inrichtte. Zijn veel aangehaalde dandyisme onderstreepte voor mij zijn ongenaakbaarheid – je presenteert jezelf als het levend bewijs van je afwijkende blik op de wereld. Je staat ver boven het gedoe van alledag, de conventies van kleine zielen. Niet dat het mij lukte, ik was sociaal te weinig assertief, heb geen gevoel voor kleding, maar ik had het graag gewild.

Later kreeg ik door hem oog voor wat er achter dat verlangen naar onkwetsbaarheid lag: een permanent gevoel van onzekerheid over wie ik nu eigenlijk was en een aangeboren onvermogen om me over te geven aan één geloof, één vaste overtuiging, één wereldbeeld. Het lag altijd genuanceerder, er zat altijd iets anders achter, niemand was wie hij leek te zijn. Die zwakte bleek uiteindelijk een kracht. Mijn chronische twijfel dwong me steeds om verder te kijken, alles opnieuw tegen het licht te houden, overal een vraagteken bij te zetten. Niets is eenduidig. De werkelijkheid komt nooit overeen met wat ik denk wat werkelijk is.

Achter die twijfel lag vertwijfeling op de loer. Ook dat herkende ik in Couperus. Als je door alles heen kijkt, is de kans groot dat je ieder houvast verliest. Dat is beangstigend. Het brengt je al snel tot de rand van de afgrond, maar het dwingt je ook voor jezelf uit te maken wat voor jou van belang is, het dwingt je tegen de klippen op tot een persoonlijke definitie van wat goed is, van wat liefde en geluk inhoudt. Alles tijdelijk en wankel, zeker, maar eigenhandig veroverd op de leegte.

Een paar jaar geleden gaf ik aan een groep studenten Nederlands aan een grote universiteit een gastcollege over Couperus. Ter voorbereiding hadden ze twee romans van hem gelezen – het vroege *Noodlot* (1890), zijn tweede roman na *Eline Vere*, en het latere

Van oude menschen, de dingen die voorbij gaan... (1906), een hoogtepunt in zijn werk.

Mijn eerste vraag was: *welk boek vinden jullie beter?*

De meeste studenten keken me bevreemd aan. Zo waren ze niet gewend om over literatuur te spreken. Vooraf hadden ze zich in de achtergrond van beide romans verdiept. Ze konden Couperus plaatsen in de canon van de Nederlandse literatuur. Ze hadden misschien verwacht over de invloed van het naturalisme op zijn vroege werk te horen, zijn geloof in determinisme en erfelijkheidsleer, decadentie in de laatnegentiende-eeuwse roman, de noodlotsgedachte die je steeds opnieuw, in allerlei gedaanten, aantreft in zijn romans en verhalen, over zijn dandyisme, zijn esthetiserende stijl, de invloed van de theosofie op zijn romancyclus *De boeken der kleine zielen*, zijn compositietechniek, de receptie van zijn werk door tijdgenoten.

Maar welke van de twee romans hen het meeste aansprak – dat was geen vraag.

Die middag kwamen we er niet uit. De studenten bleven moeite hebben met het soort vragen dat ik stelde. Ik denk dat ze te veel in de buurt kwamen van wat zij geleerd hadden te verafschuwen: herkennend lezen. Een roman op je eigen leven betrekken, de ervaringen en emoties van de verschillende personages naast die van jezelf leggen, in een academische omgeving wordt dat alles doorgaans met groot wantrouwen bekeken. Het lijkt akelig veel op het soort platte herkenning dat met triviaalliteratuur wordt geassocieerd – *De stille kracht* een prachtig boek vinden omdat je zelf net met vakantie in Indonesië bent geweest.

In die opvatting leidt herkenning onherroepelijk tot onbenullige beschouwing. Of tot een gevaarlijk beperkte analyse: je gaat je eigen blikveld als objectief beschouwen, alsof jouw blik zich in het middelpunt van het universum bevindt. En voor je het weet debiteer je een aantal gruwelijk kortzichtige aannames over de schrijver en zijn werk. Daarbij word je geacht de strategieën van de schrijver te doorzien – in hoeverre is hij de drager van de (voor)oordelen van zijn tijd en milieu, wat wil hij de lezer wijsmaken en hoe doet hij dat? De intelligente lezer is een afstandelijke lezer, iemand die een tekst kan *plaatsen*.

Zo vermijd je onmachtig gestamel en impressionisme. Maar onmiddellijk dient zich een groter gevaar aan: dat de roman louter een object voor studie wordt, en niet langer persoonlijk als kunstwerk wordt ervaren. Vooral een 'klassieke' roman dreigt dan al snel tot een museaal object te worden, een cultureel artefact, dat ons veel leert over de tijd waarin het is ontstaan, en over degene die het gemaakt heeft, maar waar de vraag wat het ons nu nog te zeggen heeft, niet of nauwelijks wordt gesteld.

De studenten spraken over *Noodlot* en *Van oude mensen* zoals medische studenten over een te ontleden lichaam spreken; zakelijk, klinisch – terwijl ik van hen verwachtte dat ze beide romans opnieuw tot leven zouden wekken, nu, in de eenentwintigste eeuw, in dit leslokaal, door middel van hun verbeelding.

Beide boeken van Couperus die tijdens die zomermiddag met de studenten ter sprake kwamen – *Noodlot* als jeugdwerk, *Van oude mensen* als het werk van een schrijver op de toppen van zijn kunnen – zitten vol ervaringen, tragische en komische. Ze gaan over mensen met bij uitstek herkenbare emoties: jaloezie, verlangen, wreedheid, moordlust, geilheid, benauwdheid, onvrede, benepenheid, wanhoop, angst voor het leven, angst voor de dood, allemaal ingebed in voor ons nog herkenbare situaties.

Over die Couperus gaat dit essay. Het is geen biografische schets en ook geen literaire studie. Het is geen zelfhulpboek, waarmee Couperus weer aantrekkelijk gemaakt moet worden voor niet-lezers, door hem uit zijn literaire context te halen en te doen alsof hij ons tips geeft voor een gelukkiger leven – *Hoe Couperus je leven kan veranderen*. Bij Couperus is de inzet altijd een dieper bewustzijn, een uitnodiging om beter te zien, het voelbaar maken van ambivalenties.

De vraag voor mij is niet waar Couperus het vandaan haalde, maar wat hij ermee gedaan heeft. *De stille kracht* is een meesterwerk, maar als de roman alleen zou gaan over de fatale berekendheid van de Hollandse koloniale onderneming in Indië, zou die ons nu weinig meer te zeggen hebben.

Ik lees Couperus dan ook persoonlijk. De feiten van zijn leven gebruik ik alleen voor zover ze volgens mij licht werpen op zijn thema's, zijn blik.

Waarom legde hij er in zijn feuilletons zo veel eer in echte omstandigheden te mengen met mensen en gebeurtenissen die verzonnen waren? En waarom loog hij in 1913 tegen zijn uitgever L.J. Veen, toen hij hem schreef dat zijn Italiaanse vriend de reis naar Spanje voor hem en zijn vrouw Elisabeth had betaald? Als deze Orlando, die in zo veel van zijn Franse en Italiaanse feuilletons opduikt, inderdaad een grotendeels verzonnen figuur blijkt te zijn, waarom verzon Couperus hem dan, zo laat in zijn leven, als rustige, viriele *imaginary friend*? In hoeverre kan een kunstenaar die door kenners van zijn leven en werk 'narcistisch' en 'egocentrisch' genoemd wordt, zich oprecht het lot van de lijdende mensheid aantrekken? Waarom zijn de zelfportretten in zijn romans zo dodelijk – intelligente en fijnzinnige, maar uiteindelijk steriele estheten als Vincent in *Eline Vere*, Paul in *De boeken der kleine zielen* en Lot in *Van oude mensen*?

En waarom wisselde Couperus zijn grote psychologische romans zo gretig af met een zwaar symbolistisch proza, dat, zoals hij het zelf uitdrukte, slechts '*la beauté pour soi-même*' leek na te streven? Dat hij de gekunstelde poëzie, waarmee hij zijn loopbaan als schrijver begon, van de ene dag op de andere opzijschoof voor de psychologische diepteboring die *Eline Vere* is, laat zich niet enkel en alleen verklaren door zijn jeugdigheid – de jonge schrijver die na een al te romantisch begin zijn ware talent ontdekt. Daarvoor laat de mooischrijver zich daarna nog te vaak zien.

In de innerlijke werelden van hemzelf en zijn personages die hij in zijn beste werk zo onbevangen durfde te verkennen, komt Couperus, denk ik, het dichtst bij onze eigen levens. Wij herkennen niet alleen zijn personages, met hun al te menselijke gedrag, met hun sociale *tics* en hun getob, we herkennen ook de grote dingen, die – zoals hijzelf schreef – achter de kleine dingen schuilgaan, de intense aspiraties waardoor zelfs de kleinste ziel in zijn werk wordt voortgedreven, met meestal tragische gevolgen.

De drie bepalende plaatsen in zijn leven – Indië, Den Haag, Italië – zijn meer dan literaire locaties. In zijn werk groeit elk ervan uit tot symbool van een geestesgesteldheid, een manier van in de wereld staan. Meer nog dan als een tijdgenoot beschouw ik Couperus in dit essay dan ook als mijn eigen *imaginary friend*: de schrijver die de moed heeft alleen te staan, en zonder angst te kijken – naar binnen, tot diep in zijn eigen ziel, en tegelijk voorbij de verste horizon van het bestaan.

Gezicht

Zo'n twintig jaar geleden, aan het eind van de vorige eeuw, zag ik het gezicht van Louis Couperus voor het eerst. Natuurlijk wist ik hoe het eruitzag, ik kende fotoportretten van hem. Ik was vertrouwd met de kleine gestalte in zijn pose van zorgvuldig zelfbewust fronsende *auteur*, met het ronde, wat weke, vlezige gezicht, meestal met een opengeslagen boek in de hand. Ook de meer spontane foto's uit verschillende stadia van zijn korte leven had ik wel eens gezien: een verklede Couperus als amateurtoneelspeler tijdens zijn familiebezoek in Indië in 1899, Couperus tijdens een klein partijtje bij hem thuis in Nice enige tijd later, Couperus met handschoenen en wandelstok, wandelend over het Lange Voorhout in 1910; en een oudere, nogal gezette Couperus, leunend over de reling van De Prins der Nederlanden, naast zijn eeuwige metgezel, zijn vrouw Elisabeth, aan het begin van zijn laatste, lange reis naar Indië, China en Japan in 1921. Op die foto's lacht hij meestal beschaafd, zonder veel uitdrukking. Of hij kijkt strak in de camera; een beetje ongeduldig lijkt het, alsof hij iets van de fotograaf verwacht.

Het zal ongemak zijn geweest; Couperus hield niet van zijn eigen gezicht. Uit zijn brieven en feuilletons blijkt dat hij vaak moeilijk deed over afbeeldingen van hemzelf. Hij poseerde altijd met tegenzin. Vaak keurde hij publiciteitsportretten af – dan maar liever geen gezicht. Ook over getekende en geschilderde portretten was hij bijna nooit tevreden. Hij keek niet graag naar zichzelf, omdat hij zelden zag wat hij graag had willen zien.

Ook de getekende portretten kende ik: het jonge gezicht in potlood dat hij voorin zijn autobiografische roman *Metamorfoze* liet zetten (dat portret vond hij wél geslaagd), blakend van trots en zelfvertrouwen. En natuurlijk kende ik de bekende karikaturen van Couperus als poederdons en kweepeer, de denigrerende humor van honers en haters. Onverdraaglijk was voor hen Couperus' eigengereidheid, zijn ongevoeligheid voor kritiek en speldenprikken, zijn tartende gebrek aan mannelijkheid. Wat die spotprenten in hun benepen satire lieten zien was alles van de makers en niets van Couperus.

Ik kende al die portretten en nooit had ik het gevoel dat ik Couperus echt gezien had. Er was iets vreemds met het gezicht van Couperus: hoe vaker ik het bekeek, hoe ongrijpbaarder hij leek te worden. Het gezicht is vaak genoeg door tijdgenoten beschreven, er is een gedetailleerd verslag van zijn zangerige voordrachtskunst, er bestaat zelfs een reeks foto's, snel na elkaar genomen, van een van zijn fameuze voorleesavonden in de 'kunstzaal' Kleykamp in de laatste jaren van zijn leven. Maar wanneer ik me Couperus voor de geest probeerde te halen, zag ik altijd een plaatje, nooit een gezicht. Of beter gezegd, ik zag zijn gezicht wel, maar nooit had ik het gevoel dat hij eens terugkeek. Het was onmogelijk me hem in levenden lijve voor te stellen, ik had er geen idee van hoe hij zou bewegen, wat hij zou zeggen, en vooral, hoe hij zou kijken.

Zijn ogen, zijn blik. Had Couperus wel een gezicht? Ik heb er lang aan getwijfeld. Hij was een ongrijpbare persoonlijkheid, die zich het liefst in zijn eigen werk ophield. In zijn leven was hij een zwerver – zij het een zwerver in het gezelschap van zijn vrouw en een eindeloze reeks hutkoffers. Hij was bewust ontworteld; zijn naam is weliswaar verbonden met Den Haag en Nederlands-Indië, maar uit Den Haag vertrok hij liever dan dat hij er terugkeerde en in Indië heeft hij slechts van zijn negende tot zijn vijftiende gewoond – daarna kwam hij er nog twee keer terug als buitenstaander, de laatste keer vlak voor zijn dood. Een groot deel van zijn relatief korte leven bracht hij door in hotels, pensions of voor korte tijd gehuurde kamers.

Het beeld dat oprijst uit getuigenissen van mensen die hem gekend of ontmoet hebben, is niet dat van een man die zijn omgeving naar zijn hand zet, een man die vanzelf het magnetische centrum van zijn eigen universum wordt, maar eerder dat van iemand die meestal opduikt in de levens van anderen, nu eens in Den Haag, dan weer in Nice, een tijdje in Batavia, Tegal en Pasoeroean, wat langer in Florence. Nooit echt lang.

Couperus gaat zijn eigen, vaak onzichtbare weg, die hem langs kringen, gemeenschappen, stromingen en coterieën voert, zonder dat hij noemenswaardige sporen achterlaat. Hier een visitekaartje, daar een tijdelijk visum, een handtekening in een gastenboek. Wel laat hij indrukken achter, talloze, maar de meeste indrukken spreken elkaar tegen. Was hij slap en verwijfd of juist nuchter en stevig? Was hij ijdel en klagerig of bescheiden en voorkomend? Was hij lethargisch en ontspannen of werkte hij zich dood? Behalve zijn vrouw, die hem bijna veertig jaar overleefde, zijn er nauwelijks mensen geweest die hem goed gekend hebben, laat staan dat ze hem doorgrond hebben. Als er iemand is geweest die dat wel heeft gedaan, dan heeft hij zijn mond gehouden. Zijn collega-schrijvers haatten of bewonderden hem op afstand, soms allebei tegelijk.

Ook als schrijver laat Couperus zich niet gemakkelijk kennen. Niet alleen beoefende hij zo'n beetje alle denkbare literaire genres – poëzie, korte verhalen, sprookjes, romans, feuilletons, vertalingen, pastiches, beschouwingen, toneelbewerkingen, reisverhalen – hij vond en passant ook nog een nieuw genre uit, waar hij bovenmatig trots op was: de mythologische roman.

Zijn verbeelding was ogenschijnlijk grenzeloos. Van de diepe basstem van Steyn de Weert die zijn hond Jack toespreekt in de vestibule van een ongezellige Haagse woning aan het begin van de twintigste eeuw tot het snerpen van een pauw in een uithoek van het Romeinse rijk, van de onweerstaanbare blinkend kale schedel van een operabezoeker in Dresden tot het snoer der ontferming om de hals van Amida

Boeddha, van de paleisachtige residentswoning aan de Lange Laan in het Indische gewest Laboewangi tot het immense paleis van de Perzische vorst Darius, uitkijkend over de hangende tuinen van Babylon; Couperus zag en hoorde het allemaal, hij beschrijft die zo verschillende werelden van binnenuit met een groot gevoel voor detail.

Zijn boeken worden bevolkt door smachtende vrouwen en pooiers, simpele boksers en weke, slangachtige onderkruipers, vechtersbazen en overgevoelige zielen, hoogmoedige vorsten en speelse jongetjes, godinnen, soldaten, oude viezeriken, ministers, geisha's. Het is een eindeloze reeks van metamorfoses.

Zijn oeuvre is van een manische veelzijdigheid. In zijn werk, dat je als zijn enige vaste verblijfplaats kunt beschouwen, zwierf hij met een rusteloosheid die die van zijn reizende bestaan evenaarde: van psychologisch realisme naar het symbolistische kunstsprookje, van de causerie naar de zwaar aangeklede historische roman, van cerebrale vertelling naar hitsig melodrama naar *campy* sociale satire naar orgiastische mooischrijverij naar ingehouden, verstild proza. Veel schrijvers beschikken over verschillende registers, maar het zal moeite kosten er een te vinden die zowel een panoramische roman als *Iskander* uit zijn pen kreeg als een geserreerde, ultrakorte vertelling als 'Het stille geneucht', dat een vrijwel woordloze romantische ontmoeting beschrijft tussen een soldaat en een dienstmeisje tijdens een schaatstocht bij avond op een Hollandse gracht.

Ook als hij schreef, bleef Couperus een zwerver. Hij

herschiep de wereld niet naar zijn eigen beeld, maar veranderde zelf steeds weer in iemand of iets anders, betrok steeds opnieuw een andere fictionele wereld, nam telkens weer een andere gedaante aan. Hij liet zich door iedere plaats die hij bezocht inspireren, drong meteen door tot de *genius loci*. Geen indruk bleef ongebruikt, er was geen observatie die niet tot een diepere verwerking leidde. Of het nu het Haagse fin-de-sièclemilieu was dat hij zelf achter zich had gelaten, of het wereldje van de koloniale ambtenaren in de gewesten van Nederlands-Indië dat hij vooral uit de tweede hand kende, in zijn werk is het allemaal volkomen ingeleefd.

Daarom heette de roman over zijn eigen emotionele en artistieke ontwikkeling ook *Metamorfoze* – de gedaanteverwisseling is voor hem geen vrijblijvende oefening in onthechting, geen dandyeske speelsheid, maar persoonlijke noodzaak. De schrijver verwezenlijkt zichzelf door zich steeds opnieuw in nieuwe personages en literaire vormen uit te leven. Tijdens het schrijven vereenzelvigt Couperus zich volledig met de wereld die hij schept. Is dat klaar dan zoekt zijn geest weer ergens anders onderdak, in een ander verhaal, in een andere stijl, in een andere man of vrouw, god of koning.

Dit zegt hij in 'Hoe een roman wordt geschreven', een feuilleton dat hij nooit bundelde: 'Nu geloof ik wel, dat ik dit weet: de schrijver moet alles vergeten wat hij geschreven heeft. Hij moet er niet meer blijde of treurig om zijn; hij moet er niet op pochen of er zich zelf tevreden op verhoofvaardigen. Hij moet het vergeten. En alleen denken aan wat hij schrijft of zál schrijven. Misschien moet hij ook helemaal niet schrijven, ik meen met een pen of een schrijfmachine: ik geloof dat een romanschrijver, die niet schrijft, maar alleen zich zijn werk bewust is in de geest, heel gelukkig kan zijn. Maar het is misschien een steriel geluk en het schijnt toch wel, dat geschreven romans soms gelezen worden, meestal door lezeressen en die dan niet boven de vijfendertig: na dien leeftijd lezen weinige lezeressen, en nog minder lezers, een roman.'

Tegenwoordig zijn het vooral lezeressen *boven* de vijfendertig, maar verder klopt het nog allemaal. Die vlucht in luchtigheid is typisch Couperus, alsof hij zich geneert voor zijn ernst – want daarvóór is hij bloedserieus. Als hij niet zou schrijven, zou hij in zijn hoofd schrijven; het 'steriele geluk' van enkel leven in de verbeelding is voor hem geen nachtmerrie.

Ga met je vinger langs de vijftig delen van de *Volledige Werken* van Louis Couperus en je krijgt een duizelig gevoel – door de omvang, dat eerst, en door de verscheidenheid. Wie was deze man?

Na de dood van Couperus in 1923 op zestigjarige leeftijd zijn er niet veel critici geweest die het hebben aangedurfd dit reusachtige oeuvre als één geheel te zien. De schrijver bleek meer dan één gezicht te hebben, zo veel en zulke verschillende, dat het vrijwel onmogelijk leek de echte Couperus in zijn gezicht te kijken.

Wat bewoog hem? Als hij zwierf, in zijn leven en in zijn werk, wat dreef hem dan voort? *Waarom* wisselde hij zo snel van register en stijl? Hoe kon hij in één jaar, zo ongeveer halverwege zijn schrijversleven, tot driemaal toe gestalte geven aan een volledig andere wereld: van het intieme psychologische drama van *Langs lijnen van geleidelijkheid* naar de visionaire verlatenheid van *De stille kracht* en daarna meteen de filmisch-symbolistische onwerkelijkheid van de korte roman *Babel*?

Je hebt geen tijd om naar adem te happen, Couperus is alweer verder – het jaar daarop begint hij aan de vierdelige romancyclus *De boeken der kleine zielen*. Daarna *De berg van licht* en *Van oude mensen*. Daartussen nog *Over lichtende drempels* en *God en goden*.

Geen wonder dat zijn gezicht, toen ik het eenmaal zag, heel oud en moe was.

De ander

Op 9 juni 1923 werd Couperus vanwege zijn zestigste verjaardag gehuldigd in dezelfde kunstzaal Kleykamp waar hij zo vaak uit eigen werk had voorgedragen. Er bestaat een foto van die huldiging, met alle gasten naast en achter het feestvarken gegroepeerd. Couperus en zijn vrouw zitten aan weerskanten van Lodewijk van Deyssel, de flamboyante Haarlemse literator die zijn hele leven met het genie van Couperus in zijn maag zat, en die bij deze gelegenheid een rede hield vol lege complimenten en feestelijke nietszeggendheden.

De groepsfoto is na de toespraak van Van Deyssel genomen. Je ziet meteen dat het met de feeststemming niet goed meer wil lukken. De meeste gasten, het merendeel Hollandse schrijvers en critici die wij vergeten zijn, kijken vreugdeloos naar de camera. Slechts hier en daar valt een enkele glimlach te bespeuren. Couperus' vrouw Elisabeth heeft haar blik omlaag gericht en lijkt aandachtig de reusachtige mand met bloemen voor haar te bestuderen. Couperus zelf kijkt wat wezenloos zoekend naar de fotograaf. Alleen Van Deyssel zit op zijn gemak pontificaal te wezen. Als je niet beter wist, zou je denken dat hij het was die gehuldigd werd.

Die foto kende ik wel. Er ging voor mij altijd iets afschrikwekkends van uit – je hele leven schrijf je aan één stuk door, boek na boek, artikel na artikel, tot je niet meer kunt – en dan krijg je een receptie van anderhalf uur met een toespraak van iemand die zichzelf belangrijker vindt dan jou.

Couperus kreeg nog wel wat meer, die middag. Hoewel hij er wat de Nederlandse literatuur betrof nooit helemaal bijhoorde – te vreemd, te dubieus, te veel in het buitenland – was hij na zijn terugkomst in Nederland in 1915 toch uitgegroeid tot een van de meest gerespecteerde schrijvers. Veel mensen die daarvoor instinctief een hekel aan hem hadden, zoals Frederik van Eeden, waren na verloop van tijd bijgedraaid, vooral omdat Couperus al die jaren zo schijnbaar onverstoorbaar had doorgeschreven – nooit reagerend op afzichtelijke kritieken, op het aanhoudende literaire sneren en smalen, zich nooit begevend in heilloze polemiek, met venijnige stukken en tegenstukken. Hoewel zijn romans al jaren matig tot slecht verkochten, hadden zijn feuilletons hem een onverwacht brede populariteit bezorgd, tot ver buiten het literaire circuit.

Er was ter gelegenheid van zijn verjaardag een inzameling voor hem gehouden, door vrienden, collega's, critici en bewonderaars, omdat de jarige niet of nauwelijks in staat was het nieuwe huisje dat Elisabeth en hij hadden laten bouwen te betalen. Couperus had sowieso altijd geldgebrek en de laatste jaren van zijn leven was hij voornamelijk afhankelijk van zijn journalistieke werk.

Hoewel hij anders beweerde, kan hij dat huisje niet alleen maar prettig hebben gevonden: de man die zichzelf in zo veel feuilletons beschreef als een bohemien, als iemand die nooit ergens voor vast zou kunnen wonen, de man die vaak genoeg trots in de krant vermeldde in welk Italiaans palazzo bij welke *marchesa* of *contessa* hij nu weer kamers betrokken had, deze man zou nu zijn levensavond gaan slijten in een stevig, heel erg Hollands huisje, dat ''t Sunneke' werd gedoopt en in een Gelders dorp stond dat De Steeg heette. Het was wellicht opnieuw een metamorfose – de verstokte kattenliefhebber nam ineens ook een hond, een reusachtig beest – maar het leek verdacht veel op een eindpunt.

Dat huisje moet iets geweest zijn waarin hij zich, ziek en moe, geschikt heeft – terwijl hij bleef dromen van Italië. In een brief aan een vriend noemde hij zijn nieuwe woning manmoedig 'klein maar lief'. Nog geen anderhalve maand na die feestelijke middag ter ere van zijn verjaardag zou Couperus dood uit 't Sunneke gedragen worden.

Berusting, dat is ook de voornaamste emotie die van zijn gezicht is af te lezen op die feestelijke middag in de Haagse kunstzaal Kleykamp. Want er was die middag niet alleen de fotograaf die de groepsfoto na de huldiging nam. Vlak vóór hij naar binnen ging werd hij door een van de genodigden attent gemaakt op een filmcamera die stond te draaien, en met Louise Tholen-de Ranitz aan zijn ene arm en de gezellig gezette mevrouw Kleykamp aan de andere, keek hij enkele momenten in de lens.

Dat was de eerste keer dat ik zijn gezicht zag.

Het was als een kleine openbaring: voor het eerst had ik het gevoel dat Couperus terugkeek. Het filmpje is halverwege de jaren negentig teruggevonden. Het duurt 23 seconden en het staat op YouTube. Het gezicht van Couperus verschijnt eerst in beeld te midden van andere gasten, voor de ingang van de kunstzaal. Hij lacht kort vanwege iets dat tegen hem wordt gezegd. Ook zijn vrouw schiet even in de lach. Dan verschijnt hij close-up in beeld en zegt hij, na een kort, schuin lachje, zelf iets in de camera.

Er zit geen geluid bij het filmpje. Later ingeschakelde liplezers melden dat Couperus niets gedenkwaardigs heeft gezegd (volgens de ene 'Ik zal mij beperken.'; volgens een andere, minder geloofwaardig, 'Dat gezeur hier, waar blijven de pasteitjes.').

Het doet er niet toe. Het gaat om zijn gezicht. Dat is op die middag in 1923, enkele weken voor zijn dood, getekend door een ironisch soort gelatenheid. Fonkelende, lachende ogen in een mager, afgetrokken doodshoofd.

Hij was doodmoe, hij was ziek. Zijn laatste lange reis naar Nederlands-Indië, China en Japan, in opdracht van de *Haagsche Post*, was hem bijna fataal geworden. In Kobe had hij zes weken op het randje van de dood in een ziekenhuis gelegen. Tegelijk had hij harder gewerkt dan ooit; postuum zouden er nog drie boeken van hem verschijnen.

Tijdens zijn schrijvende leven had hij vaak gezegd dat hij heus niet zo nodig hoefde – wanneer hij het zich financieel had kunnen veroorloven, stopte hij zo met schrijven. Dan weer beweerde hij dat hij schreef omdat het het enige was wat hij kon. Weer een andere keer was het schrijven aangeboren, een natuurlijke aandrang. Veel moeite kostte het hem niet, wanneer hij eenmaal schreef – te beginnen met schrijven was moeilijk, dat wel, maar daarna ging het meestal vanzelf. 'Een roman wordt vanzelf geschreven, meestal naar aanleiding van een héél kleine opwelling, impulsie, aandoening, maar achter het simpele schrijvertje, dat zit te pennen... staat dat Andere, die Andere – en die is het eigenlijk, die het hem doet!'

Wat veroorzaakte die woelende onrust achter dat beminnelijke, beschaafde, licht ironische gezicht, wat veroorzaakte die schrijfdrang, behalve het vermeende geldgebrek dat hij steeds weer als excuus gebruikte? Waarin zat de noodzaak om zich steeds weer ergens anders op te houden, zich steeds in weer een nieuwe wereld in te leven?

Was het, paradoxaal, zijn zoektocht naar een diepe innerlijke staat van rust die de pen in zijn hand in voortdurende beweging hield, tot aan de dagen voor zijn dood? Zijn hele leven, lijkt het, had Couperus ernaar verlangd er niet te zijn, op te gaan in een weldadig niets, waarin zijn bewustzijn op een natuurlijke manier zou samensmelten met iets buiten hemzelf. Soms, hooggestemd, noemde hij het Nirwana. In een andere, wereldse bui waren het midzomerloomtes. Altijd ging het om een zachte, gelukzalige toestand waarin zijn bewustzijn opgeheven leek te zijn. Soms lag zijn ideale Italiaanse vriend, Orlando, slapend tegen hem aan. Maar zelfs op momenten van zwijgende gelukzaligheid, bekruipt hem zijn 'niet te stillen onrust'.

Juist in een staat van overgave aan een onbewust leven, kan hij gegrepen worden door een verpletterend gevoel van vergankelijkheid. 'Plotseling komt het over mij, onweerhoudbaar, als een kil spook. De gedachte in en om mij:

Dat éénmaal – wanneer het ook zij – alles en iedereen dood gaat. Eindigt, vergaat, verdwijnt.

Dat Elettra [de zuster van Orlando] zal sterven, dat Orlando zal sterven, IK zal sterven.

Dat, hoe vrolijk wij hier ook bij elkander liggen en zitten en Champagne drinken, en lekkere zoete dingen eten tussen gele rozen en kaarsen in een salon, die wij vlug in twee dagen timmerden in elkaar... over enige tijd – wanneer? – alles gedaan zal zijn en wij alle drie dood zullen zijn...'

Er was nog meer onbehagen – de onzekerheid van iemand die niet wist wie hij was, die zichzelf slechts in anderen kon zien. In *Metamorfoze* (1898), Couperus' nauwelijks gemaskeerde weerslag van zijn artistieke, en dus ook emotionele ontwikkeling, schreef hij: 'Was het abnormaal in hem, verdoling van zijn geest? Had hij niet als kind vaak gevoeld, dat hij gek kon worden, dat hij wellicht al gek was, omdat hij, toen, ook al dacht zo vreemd, of hij wel eens kon zijn "een ander"?'

Later in die roman ontdekt zijn schrijvende alter ego Hugo Aylva dat in het zich steeds weer iemand anders wanen niet de gekte schuilt waar hij zo bang voor is, maar juist zijn redding, zijn enige manier om zichzelf te kunnen zijn. De schrijver verwezenlijkt zichzelf in gedaantewisselingen, in steeds nieuwe personages, in steeds nieuwe werelden.

Dat doen alle schrijvers van romans en verhalen, het is de essentie van fictie, maar bij Couperus wordt het proces van die gedaantewisseling steeds opnieuw expliciet naar de voorgrond gebracht. In *Metamorfoze* presenteert hij het – zie alleen de titel al – als de kern van zijn persoonlijkheid en schrijverschap.

Er hangt voor hem ook veel van af. Zijn geestelijke gezondheid staat op het spel.

Het gaat om een beangstigend wankel evenwicht. Wanneer Aylva een tijdje geen roman schrijft maar zich verliest in de rijke geschiedenis van zijn familie, dreigt onmiddellijk de ontsporing. 'En in zijn studies over zijn familie, vereenzelvigde hij zich zo met zijn voorvaders, dat het hem werd, als leefde hij soms hun leven terug, zoals hij geleefd had het leven van Tasso, van Petrarca vooral, als gebaarde hij hun daden, in de magische spiegel van het verleden. Vreemd was het hem dan hierover na te denken, en wanneer hij zijn metamorfose niet tot kunst omwerkte, werd ze hem weer abnormaliteit, zoals hem geweest was in zijn kinderjaren, toen hij gedacht had: ik ben een prinsje, of een bedelaar, of een bloemenelf... Hij werd dan bang voor dat vreemde in zich, dat naderen van krankzinnigheid.'

Maar wanneer hij zijn metamorfose wel uitleeft in een gedicht of roman, volgt daarna onherroepelijk de desillusie. Een boek dat af is, is alleen nog maar een boek, iets dat ver van de schrijver afstaat.

Ook dit geldt voor de meeste schrijvers, maar bij de jonge Couperus roept het een aan de hysterie grenzende reactie op. Wanneer Aylva in *Metamorfoze* zijn 'Matilde' (lees *Eline Vere*) af heeft, is het zien van zijn roman als boek hem onverdraaglijk. 'En nu, nu was zij geen glans meer en zij was niet meer ijl, want zij werd boek: papieren boek. En een lichte haat tegen wat papieren boek was, klom in hem op, als een haat tegen wat innigst aan ons verknocht is: dat, waarmee wij noodlottig moeten leven; dat, wat samengeschakeld is aan ons bestaan, en waarvan wij, om een geheimzinnige reden van tegenstrijdigheid, verlost *willen* worden... Het boek werd hem het plompe praktische proza, zo praktisch, zó plomp, zó proza, dat hij zichzelf de belofte deed, na 'Matilde' nooit meer een boek te schrijven...'

Later in zijn leven, zoals in zijn feuilleton over het schrijven van een roman, liet Couperus steeds weer weten dat hij niet gaf om zijn boeken. Hij vergat ze zodra ze geschreven waren, keek ze nooit meer in, en wanneer hij dat wel deed, bevielen ze hem maar matig. Toen hem in 1917 gevraagd werd een exemplaar van zijn meesterwerk *De stille kracht* (1900) te signeren, schreef hij onderaan de tekst op de laatste bladzijde dat hij zich nauwelijks meer kon herinneren dat hij het boek geschreven had. Boeken waren wat overbleef wanneer de verbeelding was uitgeleefd, een prozaïsche herinnering aan de pijnlijke waarheid dat geen enkele metamorfose blijvend kon zijn.

Schrijven was noodzaak, maar schrijven was ook zinloos. 'Boeken schrijven, was dat het leven? Zou het leven hem nooit iets anders geven, dan de opdracht om boeken te schrijven? Voor wie? Schreef hij voor zichzelf? Hij wist het niet: hij schreef liever niet: hij dacht Matilde liever, dan dat hij haar schreef. Het denken was het geluk, het eerste, het hoogste, het zuiverste. En voor de mensen? De mensen zouden wel even gelukkig zijn zonder zijn boeken.'

Schrijven om niet gek te worden, om te worden wie hij was – maar het schrijven zelf, het schrijver-zijn, de literatuur, het publiceren van boeken, was altijd een teleurstelling, een bezoedeling van iets wat in zijn hoofd heel even zuiver was geweest. Het enige wat hielp was aan een nieuw boek beginnen.

In het dankwoord dat hij na zijn huldiging in 1923 in de krant zette, gaf de zestigjarige Couperus opnieuw uiting aan diezelfde ambivalentie, op die onthechte half-kokette, half-laconieke toon waarop hij in zijn feuilletons zo vaak zijn intieme gevoelens prijsgaf aan zijn lezers.

Het is zesentwintig jaar later, maar het is alsof je Hugo Aylva hoort:

'Het is niet anders, wij behoren aan de geschiedenis, hoe bescheiden misschien ik in de ziel mijner ziel eigenlijk een heel ander leven had willen leiden dan dat waartoe de onafweerbare machten mij dwongen: een leven van dromen, peinzing, stilte en bezonken liefde, zónder te schrijven, zonder roem en mondaniteit en zonder zo heel veel, dat onvermijdbaar is in een leven, aan overbekendheid en publiciteit gewijd. Want eigenlijk, lieve vrienden, ben ik zo weinig als ik mij voordoe en kent ge mij niet, trots al mijn auto-indiscreties.'

Ik laat mezelf steeds opnieuw zien, maar ik ben het niet. Ik laat mezelf *graag* zien, maar het liefst ben ik onzichtbaar – denk niet dat je me kent. Ik vertel de meest intieme zaken over mezelf, maar uiteindelijk blijkt het grootste deel verzonnen. Ik is een ander.

Soms lijkt de metamorfose van Couperus verdacht veel op een maskerade – het is te veel, de gedaanteverwisselingen volgen elkaar te snel op, de extatische woorden struikelen over elkaar. Hij had al die verkleedpartijen nodig, niet om te verhullen, om zichzelf en zijn ware aard voor de wereld onzichtbaar te maken – maar juist om zichzelf te laten zien, op tientallen verschillende manieren, in al zijn verschillende, vaak tegenstrijdige gedaanten. Hij had een noordelijk zelfbewustzijn, hij was een spontane man van het zuiden. Hij werd geplaagd door angst en schuldgevoel, hij kon zich overgeven aan een natuurlijk leven van zuivere lichamelijkheid. Hij was een sterke, rustige man, hij was een nerveuze miep, hij was een egocentrische op seks beluste vrouw in Indië, hij was een agressieve jongeman die in Nice een hoer als vriendin had en het voor geld met mannen deed. Hij was keizer, slaaf, man van het volk, een verwaten estheet, hij was socialist en aristocraat.

Maar uiteindelijk was hij ook gewoon een mens, beperkt en sterfelijk. Een mens kan niet leven zonder illusies, dat wist hij van het begin af aan – en tegelijk moest hij steeds weer erkennen dat uiteindelijk geen illusie houdbaar was. Wie de wereld denkt te kunnen afzweren of ontkennen, wie denkt in zijn verbeelding te kunnen leven, of in zijn idee van schoonheid, wordt steriel, wereldvreemd of krankzinnig.

Een vlucht in de verbeelding, in de wereld van de kunst, loopt dan ook steevast uit op een onthutsende teleurstelling, of erger. Couperus' eerste grote werk *Eline Vere*, geschreven toen hij vierentwintig was, is doortrokken van een heftige angst voor een leven zonder illusies, voor de doodse grauwheid van een alledaagse werkelijkheid, waarin het niet gezien is, het onopgemerkt zal blijven. In het Haagse milieu waar zijn tragische heldin het product van is, wordt ieder droombeeld tenietgedaan. Hardhandig wordt afgerekend met elke poging tot fantasie.

Iedereen blijft wie hij is – al in de eerste scène, waarin Eline en haar vrienden optreden in *tableaux vivants*, levende schilderijen, tonen de toeschouwers zich op geen enkele manier gevoelig voor de illusie van die bewerkelijke verkleedpartij; ze zien alleen door de kostuums heen wie wie is. Een echte metamorfose door middel van verbeelding is onmogelijk. En wanneer in een van die keurige Haagse huizen Sinterklaas binnenkomt is zijn tabbaard en pruik afgezakt en ziet iedereen meteen dat het de goedzak Henk van Raat is.

Eline zelf verbindt de nagedachtenis aan haar moeder met de 'illusie-verdrijvende nietigheden van het dagelijkse leven'. Maar in haar eigen leven ontsnapt ze niet aan die nietigheid. De door haar geïdealiseerde bariton Fabrice, met wie zij dweept en door wie ze steeds meer geobsedeerd raakt, blijkt in werkelijkheid een onooglijk mannetje met geplakte haren, een pokdalige huid en een flinke onderkin. De illusie wordt tenietgedaan, *iedere* illusie – Eline wacht uiteindelijk een visioen van de totale leegte.

Illusie, verbeelding, verwachting, verlangen. Deceptie, wanhoop, dreigende waanzin, berusting. In het afgeleefde gezicht met de fonkelende ogen van de man voor de kunstzaal Kleykamp denk ik het allemaal te zien, gedurende die paar seconden. Daarna volgt de feestelijke huldiging, met de dorre lofzang van Van Deyssel, de felicitaties en de bloemen en, vooruit, de pasteitjes. En kort daarna de dood, waar, volgens sommige getuigen, Couperus al geruime tijd met een schokkende gretigheid naar uitkeek.

Interview

Zeven jaar daarvoor, in het voorjaar van 1916, had Couperus zich eindelijk eens laten interviewen. Hij had het lang afgehouden. Eigenlijk wilde hij nog steeds niet; van tevoren had hij de interviewer gewaarschuwd – in zijn werk, vooral in zijn feuilletons, had hij al zoveel – 'te veel' – over zichzelf verteld, daar kon je zo het hele verhaal uit halen.

En zoiets gebeurde ook. De jonge Vlaamse literator André de Ridder zocht de schrijver op in Den Haag, bracht een paar gezellige uren met hem door en ging daarna met hem mee naar een voordrachtsavond in Rotterdam, waar Couperus eerst nog stampij maakte over het volgens hem afschuwelijke decor.

Achteraf moet De Ridder tot de ontdekking zijn gekomen dat hij niet veel materiaal had. Couperus, de 'maître charmeur', had hem met ironische beminnelijkheid op afstand gehouden. Het boekje dat De Ridder later van het gesprek maakte, vulde hij dus maar vooral met pregnante citaten uit Couperus' feuilletons. Daar stond het allemaal in, precies zoals de schrijver gezegd had.

Waarom zei Couperus die middag zo weinig? Wilde hij bewust zo weinig kwijt? Of had hij gewoon echt niet veel te zeggen over zichzelf, als zichzelf? In zijn boekje worstelt De Ridder ermee. Hij rekent af met het toen ook al overheersende beeld van Couperus als geaffecteerde dandy. De man die tegenover hem zit en thee voor hem inschenkt is geen poseur – precieus, misschien, in alles licht spottend, maar authentiek, geen aansteller.

Maar dat interview! Het beeld dat Couperus van zichzelf schetst, is, ondanks zijn beminnelijke toon, radicaal onthecht. Hier is een man aan het woord die zich aan niets lijkt te willen committeren, die zich nergens door wil laten bepalen, die niet wil samenvallen met wat voor beeld van hem dan ook.

Alles wordt gerelativeerd.

Wat er over hem wordt beweerd, daar klopt niets van. Mensen, zegt hij, denken dat hij zich dood werkt, gezien zijn enorme productie, maar dat is schijn – hij werkt gewoon iedere dag een paar uur. Schrijven is geen roeping, hij kan het gewoon niet laten. Nee, hij heeft geen literaire voorbeelden gehad; de grote Zola heeft er weliswaar voor gezorgd dat de literatuur nieuwe wegen kon inslaan, maar zelf is hij nauwelijks door Zola beïnvloed. Flaubert is natuurlijk een voorbeeld voor iedereen die historische romans schrijft, maar in zijn psychologie schiet hij tekort ('ik geloof dat ik in *De berg van licht* heel wat fijner en vollediger psychologie gegeven heb dan Flaubert in *Salammbô*').

De man die tegenover De Ridder zit houdt afstand, tegenover alles en iedereen – tegenover de literaire richtingenstrijd in zijn jeugd ('Gelukkig zijn al die jeugdrancunes vergeten...'), ten opzichte van de grote ideeën, ideologieën en politieke bewegingen van zijn tijd, en ten opzichte van zijn eigen sociale kringen.

Zijn eigen werk bekijkt hij met dezelfde afstand. Hij heeft te veel geschreven, zegt hij, omdat hij móest schrijven, maar hij is er bijna nooit voldaan over geweest – van zijn werk heeft hij 'drie vierde overboord geworpen, en van het vierde dat overblijft zijn er slechts enkele bladzijden waarvan ik werkelijk houd'.

Zijn beste werk vindt hijzelf *De boeken der kleine zielen*, *De berg van licht*, *Herakles* en 'ook wel' het kunstsprookje *Psyche*. Romans als *Majesteit* en *Wereldvrede* kan hij niet meer zien, ook *Langs lijnen van geleidelijkheid* zou hij het liefst vergeten.

Ook over zijn eigen leven spreekt hij vol berusting: 'Ik heb niets gedaan dan wat boeken geschreven. En eenmaal ga ik dood... Mijn leven is heel nutteloos geweest, maar ik hecht er toch aan: ik hou van allerlei mensen, ik vind allerlei dingen mooi, en ik heb mij soms dol geamuseerd, als op een Carnaval. Ik heb heel veel mooie, lieve en amusante souvenirs. Ik heb ook veel verdriet gehad, maar dat is lang geleden... In mijn leven is heel veel goeds. Nu wel geen grote dingen, maar veel lieve, kleine dingen...'

Lieve, kleine dingen – je zou bijna vergeten dat er een wereldoorlog aan de gang was. Couperus was het jaar daarvoor met tegenzin uit Italië gerepatrieerd en hoewel hij verkondigde dat hij het Nederland dat hij meer dan tien jaar daarvoor achter zich had gelaten, opnieuw had leren waarderen, was er ook het besef dat hem iets essentieels ontnomen was.

Italië was een openbaring geweest – het land dat alle

spanningen in zijn leven leek te hebben opgelost, een vrijplaats voor lichaam en geest. Daar was hij losgeraakt van alles wat hem beperkte – de benauwdheid van zijn eigen sociale milieu, de Hollandse literaire krabbenmand, het medisch-psychologisch geworstel met homoseks. Italië was zon, maar zonder de drukkende hitte van Indië. Italië was schoonheid, Italië was de Oudheid, Italië was natuur. In Italië was het leven licht zoals het nergens anders kon zijn – het ideale midden tussen de dreigende, verpletterende natuur van Indië en de benauwende, geestdodende hokjesgeest van Den Haag. 'De Italiaan is materialistisch en tegelijkertijd sentimenteel; zo ben ik...'

Aan die vrijheid had de oorlog een einde gemaakt. Tegelijk was dit het definitieve einde van zijn jeugd – toen De Ridder hem interviewde was hij drieënvijftig. Zijn naam was bekend, hij was zelfs een gevierd schrijver, maar zijn boeken verkochten al jaren moeizaam. Van alle kanten sloot het leven hem in.

Aan Emma Garzes, een van zijn weinige Italiaanse vrienden, schreef hij in die jaren (in het Frans, vertaling: F.L. Bastet): 'Wanneer zal ik eindelijk Italië, Rome, Sicilië terugzien... al die verloren paradijzen die ik zo verlang terug te vinden! En bovendien, ik geloof dat men niet meer van ons houdt, van ons, Hollanders, en ik zeg tegen Bettina [Elisabeth] dat reizen niet meer zal zijn wat het vroeger was. Ik voel mij zeer terneergeslagen en ziek, werkelijk ziek.'

Het lag niet alleen aan de afgenomen populariteit van de Hollanders in het buitenland; er was ook in iets in hemzelf afgestorven. Ook al ging de oorlog voorbij, hij wist dat het verleden niet opnieuw beleefd kan worden. 'Ik kan mijn aandoeningen niet herhalen – dat heb ik nooit gekund – en de Italiaanse Periode... is afgelopen.'

Er was meer voorbij. Na de novelle *Aan de weg der vreugde* uit 1908 zou Couperus nooit meer een roman afmaken die in het heden speelde. Hij schreef naast feuilletons en reisverhalen alleen nog historische romans, zoals *De ongelukkige*, en 'mythologische' romans, zoals *Herakles*. Dat hij als romanschrijver niet langer in het heden leefde, daar sprak hij opvallend defensief over tegen De Ridder.

Kort na hun gesprek schreef hij een pesterig stukje waarin hij het interview als journalistieke vorm op de hak nam. Wellicht ging het over zijn ontmoeting met De Ridder. In die column spreekt Couperus niet alleen zijn gespeelde verwondering uit over een man die zijn beroep gemaakt heeft van het louter weergeven van de woorden van anderen, maar verdedigt hij zich opnieuw voor het feit dat hij in een gruwelijke tijd een luchthartige historische roman als *De komedianten* heeft geschreven.

Dat is geen literaire vlucht, beweert hij, dat is juist literaire noodzaak. Wanneer de eigen tijd te onoverzichtelijk is, te woest, te pijnlijk ook, moet een schrijver zich er niet eens aan wagen erover te schrijven. Deze tijd van 'oerprimitieve Egoïsmes, van door Pro en Contra beïnvloede razernijen om elkaar te vernietigen, te verdelgen' is te weinig bezonken om literair zijn beslag te krijgen. Negeerde je dat, dan was het resultaat een oppervlakkige tendens-roman.

De romanschrijver moest boven zijn stof staan. Dat was in deze 'afschuwelijke' tijd onmogelijk.

Die overtuiging hield stand bij Couperus. De aandoenlijke, in het laatste oorlogsjaar verschenen kleine roman *De verliefde ezel* bevat een voorwoord waarin de schrijver zich opnieuw verdedigt voor zijn radicale vlucht uit het heden. Aangezien de wereld is teruggekeerd naar de Middeleeuwen, heeft hij ter verlichting de mythologische Oudheid weer opgezocht. Het is dus niet dat de pijn in de wereld hem koud laat, het is eerder dat hij die zich *te veel* aantrekt, terwijl hij er niets aan kan doen.

De wereld van 1916 moet hem met wanhoop vervuld hebben. Zijn literaire apologie in het interview en het voorwoord bij *De verliefde ezel* heeft wel degelijk veel weg van een vlucht van een schrijver uit een voor hem onverdraaglijke wereld.

Een te gemakkelijke vlucht? Geen van de romans die Couperus na 1913 schreef, het fenomenale *Iskander* uitgezonderd, behoren tot zijn beste werk. Het argument dat de moderne wereld te complex en te gruwelijk is om in fictie te verbeelden is een zwak excuus; het lijkt erop dat Couperus de werkelijkheid helemaal wil ontlopen, niet meer gaan wil waar wanhoop en onmacht en verdriet op de loer liggen.

Dat hij zijn interviewer die middag in Den Haag niet in zijn kaarten laat kijken, past bij de houding die Couperus zijn leven lang tegenover de buitenwereld aan de dag legde. Het beste zie je dat in zijn brieven.

Vrijwel al die brieven, in 2013 voor het eerst bijeengebracht door H.T.M. van Vliet, zijn onderhoudend, maar ook verbazingwekkend alledaags – eindeloze, vaak pijnlijke onderhandelingen over geld met zijn uitgever L.J. Veen, aanwijzingen over drukproeven, klets met familieleden, bedankbriefjes, beleefde weigeringen van verzoeken, ergernissen over lelijke stukken in blaadjes van critici die niemand zich herinnert.

Hij zegt het zelf vaak genoeg: Couperus heeft geen talent voor het schrijven van brieven, hij ziet het als een verplichting, hij moet al zoveel schrijven. Aan een nichtje: 'Eindelijk eens een brief van je! Nu, ik had ook wel eens kunnen schrijven, maar heus, veel brieven dat gaat niet, ik heb zoveel te pennen, zoveel proeven na te zien, altijd letters en nog eens letters.'

Die brieven en briefjes van Couperus – hij schreef er gemiddeld vijf per dag – worden pas intrigerend wanneer je beseft wat die níet laten zien, en wat hij ook De Ridder op die middag in 1916 niet liet zien: alles wat hem tot schrijver maakt.

Zijn emotionele leven schermt hij zorgvuldig af; wat hem beweegt wordt hoogstens even aangestipt. In de meeste brieven gaat zijn innerlijk schuil achter het masker van opgeruimdheid en wellevendheid dat hij ook aan zijn interviewer toonde. De echte pijn in de correspondentie met Veen heeft altijd met geld te maken ('God, god, ik moet zo rekenen om er te komen. Dat vervloekte geld!').

De voortgang van de dertig boeken die Veen van Couperus uitgaf is in de correspondentie nauwgezet te volgen, maar over het schrijven ervan kom je nauwelijks iets te weten: het gaat goed, het gaat moeizaam – het is nog niet af, het is bijna af, het is af. De symbolistische novelle *Babel*, geschreven na *De stille kracht* (1900) moet hij helemaal herschrijven (wat Couperus vrijwel nooit hoefde te doen), maar je komt niet te weten waarom.

Tussen auteur en uitgever vindt geen literaire conversatie plaats – steeds opnieuw laat Veen weten dat hij een manuscript ontvangen, gezet en gedrukt heeft, maar wat hij ervan vindt, krijg je niet te lezen. Waarschijnlijk voelde deze zich niet bevoegd, als 'man van zaken', maar het blijft vreemd. Wanneer in 1903 *De boeken der kleine zielen* voltooid zijn en in de winkel liggen, vraagt Couperus hem ineens: 'Je hebt me nooit geschreven hoe je [het slotdeel] het *Heilige Weten* vindt, en wat je nu vindt van de hele serie...??'

Het antwoord blijft uit.

Of, maar dat lijkt me sterk, het is weggeraakt. Lang niet alle brieven zijn teruggevonden, en er zijn ook brieven op instigatie van Couperus' weduwe Elisabeth, die tot 1960 leefde, vernietigd, zodat meer dan genoeg ruimte voor speculatie is over een verborgen bestaan van Couperus. Dat zou in de eerste plaats te maken hebben met zijn homoseksualiteit. In het bijzonder gaat het dan om de brieven aan een van zijn beste vrienden, Johan Ram, een homoseksuele militair, die in 1913 zelfmoord pleegde.

Ik ben ervan overtuigd dat er een verborgen leven was – wie heeft het niet? Alle Haagse personages in de romans van Couperus houden dingen verborgen voor hun omgeving, niemand laat zijn ware gezicht zien. Maar hoewel er in het geval van Couperus vast en zeker bij leven en postuum feiten zijn verdoezeld, lijkt het me uitgesloten dat er heftige of hartstochtelijke brieven geweest zijn.

In zijn inleiding van de door hem bezorgde correspondentie geeft Van Vliet als reden voor Couperus' terughoudendheid de vijandige buitenwereld: 'Zijn leven lang heeft Couperus te maken gehad met een hem ten dele vijandig gezinde pers die allerlei, meestal bijzonder flauwe, roddels over hem verspreidde en hem in soms zeer grove bewoordingen persoonlijk aanviel. In een dergelijke situatie konden brieven gevaarlijk zijn.'

Die vijandige buitenwereld speelt vast en zeker een rol, maar ik denk dat het dieper gaat. In zijn literaire werk is Couperus namelijk weinig verhullend, daar lijkt hij het schandaal eerder op te zoeken dan te vermijden. Dat zie je vooral in de natuurlijke manier waarop hij schrijft over seks; hij houdt rekening met zijn tijd en zijn lezers, maar je krijgt niet het gevoel dat hij zelf door veel omzichtigheid wordt geplaagd. Er zit geen preutsheid in zijn werk, hoezeer hij zich ook bewust toont van de preutsheid van zijn lezers, die hij in gedachten in een benauwde en bekrompen zelfgekozen gevangenis plaatst, door hem 'de huiskamer' genoemd. Aan zijn uitgever L.J. Veen over zijn aangekondigde roman *De berg van licht*: 'Het eerste deel is een afgerond geheel (100 bl.) en *bijna* geschikt voor de huiskamer: de andere delen *niet*.'

Het lijkt erop dat Couperus zijn gevoelsleven bewaarde voor zijn verbeelding, voor zijn werk, voor die 'letters en nog eens letters'. Het enige waarin Couperus geen onthechting nastreefde, was in het schrijven. Daarin gaf hij zich volledig, zonder zich veel van de buitenwereld aan te trekken, want die was toch al ver weg.

In zijn romans en verhalen laat hij alles toe met een voor zijn tijd adembenemende vanzelfsprekendheid – benauwdheid en wanhoop, het onmogelijke verlangen naar transcendentie, onbeheersbare seksuele driften, onverantwoord en schaamteloos genot. Instinctief schermt hij het domein van zijn literaire verbeelding af voor de dagelijkse werkelijkheid. Daarin lijkt hij op Marcel Proust, ook een groot schrijver die geen groot brievenschrijver was.

Het verklaart wat Van Vliet Couperus' 'sterke gerichtheid op de eigen persoon' noemt en zijn 'narcistische persoonlijkheid' – zijn betrokkenheid bij anderen lijkt vooral plichtmatig. Wanneer Veen bijvoorbeeld een kind verliest, stipt Couperus dat slechts even aan tussen alle mededelingen over drukproeven en nog te schrijven boeken.

Deels kun je dat verklaren door afstand. Couperus leefde het grootste deel van zijn schrijvende leven buiten Nederland – Veen heeft hij maar een paar keer in het echt ontmoet, hun relatie speelde zich voornamelijk op papier af. Maar dat reizende leven hoorde bij het afstand scheppen. Aan Veen: 'Wij leven zo eenvoudig als wij het kunnen doen, misschien alleen reizen wij nog teveel, maar daar heb ik soms zo een behoefte aan: ik kan niet vastgroeien op een plek.' Met zijn dierbaren – zijn vrouw uitgezonderd – onderhield Couperus een relatie op afstand, net als met zijn goede vrienden, die toch al op de vingers van één hand te tellen waren. Hij correspondeerde nauwelijks met collega-schrijvers. En al helemaal niet over literatuur.

Leg de brieven van Couperus naast zijn romans en de discrepantie tussen Couperus' innerlijke leven en het vlakke gezicht dat hij de wereld laat zien, wordt zichtbaar.

Zijn heftige bekering tot het zuidelijke, natuurlijke en spontane Italiaanse leven aan het begin van de twintigste eeuw vindt zijn weerslag in de mythologische roman *Dionyzos* (1903), die voorafgegaan wordt door een reeks gedichten die euforisch en ook quasi-erotisch zijn; antieke beelden van de druivengod die Couperus in Romeinse musea ziet, laten hem ongeremd fantaseren over een leven van zuiver lichamelijkheid: 'Ik zoek U slechts, ik zoek UW ruige saters!' En: 'Mijn heet hart hijgt.'

In de periode dat hij aan dit boek werkt, schrijft hij zijn uitgever: 'Mijn vrouw is zo-zo, vrij wel, een beetje melancholiek nu en dan: ze kan tot niets komen, ook niet tot brieven-schrijven. Ik had gaarne gehad, dat ze je arme vrouw eens geschreven had [over de dood van hun zoon], vooral omdat wij beiden zo zeer met jullie van doen hebben, maar zij kan er niet toe komen. Ach, beste kerel, ieder heeft het zijne, een pakje te dragen. Het is niet altijd vreugde en zon, als in *Dionyzos*.'

In dezelfde brief schrijft hij Veen ook nog over het gat in zijn hand. Zijn uitgever heeft Couperus vaak op z'n zwakst meegemaakt, wanneer hij om een voorschot of lening *smeekte*. 'Zeg, amice, je bewaart *niet* onze correspondentie over zaken, hoor. Ze behoeven er later (als ik 'beroemd' ben) geen artikel voor 'de Gids' uit te destilleren en mijn comptabiliteit te kritiseren! Je verscheurt dus de miljoenredes bij tijds!'

Het is de schaamte van de kunstenaar die voortdurend met geld bezig is. De relatie van Couperus met geld was als die bij zoveel schrijvers – ze schrijven ogenschijnlijk om geld te verdienen, onbewust zorgen ze dat ze voortdurend in geldnood verkeren, zodat ze wel moeten schrijven. Maar er spreekt ook het verlangen uit om niet gezien te worden door anderen, tenminste niet buiten het werk.

Het werk was alles – of liever, het *schrijven* was alles.

Toen hij het interview dat De Ridder met hem maakte had gelezen, reageerde Couperus per brief. Die was aardig en beleefd; alleen had De Ridder niet tot drie keer toe hoeven vermelden dat de schrijver zich poeierde: 'Eén keer is meer dan genoeg: poeieren is voor mensen met tropische tradities iets heel eenvoudigs, en Querido poeiert zich ook, dus...'

Hij vond het niet fijn om zo beschreven te worden. Groter bezwaar had Couperus tegen het woord 'geaffecteerd': 'Ik voel mij zelven helemaal niet geaffecteerd omdat ik mij, onverschillig-weg, precies geef in het leven en in de literatuur, zo als ik ben; mijn "affectatie" is een van die "reputaties" die ik niet kan inzien; "geaffecteerd", voor mij is "gemaakt", "denken welke indruk men maakt en daarna zich anders voordoen dan men is".'

Als dat waar is, schrijft hij, dan is hij eerder het tegenovergestelde. Het kan hem immers volstrekt niet schelen wat anderen van hem vinden.

Hij lijkt niet te beseffen dat hij met juist die opmerkingen aan het adres van de journalist zijn ongelijk toegeeft. Naar de buitenwereld toe liet hij zichzelf slechts zien zoals hij gezien wilde worden. Maar wat zijn werk betreft, had hij gelijk. Daarin was hij inderdaad helemaal zichzelf.

Verbeelding/inbeelding

De menselijke verbeelding, schrijft de Pools-Britse schrijver Joseph Conrad in zijn memoires, is heer en meester over zowel de kunst als het leven. In onze verbeelding krijgen onze diepste waarheden over onszelf en de wereld hun beslag. We zijn het verhaal dat we onszelf over onszelf vertellen. Zonder dat verhaal kunnen we niet leven.

Maar dat besef heeft een schaduwkant – het verhaal kan zowel scheppen als vernietigen. Het verhaal kan ons volledig opslokken. In ons hoofd loopt er slechts een dunne scheidslijn tussen waarheid en waan. Het verhaal dat we onszelf vertellen kan ons gelukkig maken – of gestoord.

Geen schrijver die zich daar zo van bewust was als Couperus. Vrijwel alles wat hij schreef is doordrenkt van ambivalentie jegens de kracht van de menselijke fantasie.

Aan de ene kant is er bij hem zijn diepgewortelde besef dat een mens niet zonder illusies kan leven. We moeten onze verlangens vormgeven, de chaotische wereld om ons heen interpreteren, ons een beeld vormen van ons eigen leven.

Geen wereld zonder dat we ons eerst een voorstelling van die wereld maken: Schopenhauer.

‘Kunst *maakt* het leven’: Henry James.

Maar even groot is bij hem het besef dat een mens niet enkel in illusies kan leven. Verbeelden kan gemakkelijk inbeelden worden, met fatale gevolgen. Wie zich opsluit in zijn verbeelding of zijn onvoorwaardelijke hang naar schoonheid sluit zich af van de menselijke ervaring. Het verhaal dat je jezelf vertelt, doet de complexiteit van de werkelijkheid tekort. Wat dreigt, is ontsporing en ondergang.

De verbeelding heeft bij Couperus altijd twee gezichten: waan en bevrijding. Eline Vere in Couperus’ gelijknamige debuutroman (1889) gaat ten onder omdat de romantische fantasietjes waarmee zij de grauwe werkelijkheid wil vervangen onhoudbaar blijken te zijn. Haar verbeelding is inbeelding.

De kitsch waarbij de residentsvrouw Léonie van Oudijck wegdroomt in *De stille kracht*, houdt haar gevangen in goedkope, zelfbetrokken fantasietjes, die haar blind maken voor haar omgeving: ‘In haar slaapkamer hingen enkele platen: een jonge vrouw achterover op een kanten bed, en gezoend door twee stoeiende engeltjes; een leeuw met een pijl in de borst aan de voeten van een glimlachende maagd; een grote reclame-prent van odeur: een soort van bloemennimf, wier sluier aan alle kanten werd afgerukt door speelse parfumerie-cherubijntjes. Zij vond díe plaat vooral prachtig, iets esthetischers kon zij zich niet voorstellen. Zij wist, dat de plaat monsterlijk was, maar zij had het nooit van zich kunnen verkrijgen het onding af te haken, ook al zag men er met schuinse ogen heen; de kennissen, haar kinderen, die in- en uitliepen in haar kamer, met de Indische gemakkelijkheid, die geen geheim maakt van het toilet. Zij kon er minuten heen staren als betoverd; zij vond het allerliefst, en haar eigen dromen geleken op die prent.'

Maar Constance van der Welcke in *De boeken der kleine zielen* (1901-1903), die formidabele anti-Bovary, leert allengs, door pijn en desillusie, betekenis ontdekken voorbij de grenzen van haar beperkte wereld. Haar nieuwe gedachten over wat geluk zou kunnen zijn, stellen haar in staat zich los te maken van haar vertrouwde Haagse omgeving, met zijn benepen moraal en loze ambities. Ook zij koestert illusies, niet als vlucht, maar als belofte, als de hoop op iets groters. Wanneer haar aan het einde van het tweede boek van *De boeken der kleine zielen* het zicht op een rijker, gelukkiger leven met de socialist Brauws is ontnomen, troost zij zich met de gedachte dat haar illusie haar tenminste het gevoel heeft gegeven dat ze even echt geleefd heeft. Het is gelouterde verwachting:

'En nu – als zij in zich voelde opkomen die vreemde vraag: is DIT leven... dit kleine gedwarrel... of is... er iets anders... vaag vermoeden, dat haar altijd doorhuiverd had...

Dan zou zij voor zich, dankbaar, weten, dat er iets anders was: Illusie...

Zonder welke er nooit leven is...'

Voor Albert Camus was het enige filosofische vraagstuk de zelfmoord. Voor Couperus was de inzet niet minder groot. Wat als een mens geen zelfmoord pleegt, zoals Eline Vere doet, de jonge geliefden

Frank en Eve in *Noodlot* en de masculiene militair Gerrit in *Zielenschemering*? Wat dan?

Het leidde automatisch naar die tergende, steeds terugkerende existentiële vraag: wat is een zinvol leven?

Altijd was er de verleiding om de harde, onbuigzame werkelijkheid *voorgoed* af te zweren, om de spanning tussen illusie en realiteit voorgoed ongedaan te maken, en op te gaan in louter verbeelding en fantasie. De superieure onthechting die Couperus in 1916 tentoonspreidde tegenover de jonge Vlaamse interviewer was deels een maskerade. Er zit veel weemoed in dat aanroepen van de 'lieve, kleine dingen' die zijn leven uitmaken – berusting in een almaar kleiner wordende kring van leven.

Was het werkelijk berusting of een bezwering van een tweespalt die hem tot wanhoop dreef? In 1915 schreef Couperus de fantastische schets *De verleider*. Een doodzieke man ligt op bed in zijn slaapkamer. Wanneer zijn zorgzame vrouw het vertrek verlaten heeft, dient zich een viriele engel aan, die hem uitnodigt de onleefbare werkelijkheid voorgoed af te zweren: 'Kom mee. Laten wij de wereld en de mensheid, die wij minachten, en stijgen wij in de etherische hemelen. Wat is deze wereld, deze mensheid? [...] Laat die ontaarde broederlijkheid zichzelf vermoorden in beestelijke driften en nietige eerzucht. Laat van hun reuzenzwaard druipen de zee van bloed, laat hun steden opgaan in vuur, laten zij ondergaan: de goden wenden zich áf van hen. Zij vermoorden met zich de Schoonheid en de Liefde.'

Het proza is gezwollen, de worsteling echt. Hoe

kan je gelukkig zijn in tijden van verschrikking? Wat is een mens de wereld verschuldigd? Schoonheid en liefde, daar ging het om – maar moest je die niet *in de wereld zelf* proberen te vinden? Wanneer liefde en schoonheid links en rechts van je vermoord worden, is je hoofdschuddend afkeren dan de enige optie? Wanneer wordt schitterende verbeelding laffe inbeelding?

De innige kus van de verleider blijkt uiteindelijk fataal voor de zieke, omdat het hem toch niet lukt de ontaarde wereld af te zweren. Hij blijft een wezen van vlees en bloed. Zijn ziel is nog altijd in de greep van 'broederlijk erbarmen'. De wereld, hoe slecht, lelijk en gruwelijk ook, laat zich niet ontkennen.

Anders dan hij zijn bewonderende interviewer in 1916 wilde wijsmaken, was Couperus minder onthecht dan hij zich deed voorkomen. Het grote verdriet uit zijn jeugd waar hij gewag van maakte, mocht ver achter hem liggen, het betekent niet dat hij was opgehouden zichzelf de vragen te stellen die ik beschouw als de motor van zijn schrijverschap.

Die vragen klinken zelfs door in de zo nadrukkelijk luchtige roman *De komedianten*, waarin de komische, erotisch getinte avonturen van de toneelspelende tweelingbroertjes Cecilius en Cecilianus een scherp contrast vormen met het schrikbewind van de Romeinse keizer Domitianus. De komedie speelt zich af tegen een inktzwart decor; iedereen vreest voor zijn leven. De menselijke verbeelding, de kunst, het toneelspel, de vlucht in de verbeelding, ze zijn niet opgewassen tegen de menselijke neiging tot ziekelijke inbeelding, de paranoia van kleine, verblinde zielen.

Kun je onbekommerd zijn in tijden van verschrikking, zijn kunst en schoonheid afdoende weermiddel tegen de barbarij? Wat is een leven? Hoe te leven?

Altijd is er onrust en onbehagen. Altijd en overal is er het vraagteken.

Het vraagteken

Geen geloof zonder twijfel – maar wat als de twijfel steeds weer groter is dan het geloof? In *Metamorfoze*, dat in 1897 verscheen, worstelt de piepjonge Haagse schrijver Aylva al met veel meer dan met alleen zijn persoonlijke ongeluk. Achter zijn twijfel over zijn roeping als schrijver, en zijn wanhoop over zijn gebrek aan levensdoel, gaat een angst van bijna kosmische proporties schuil. Niet alleen denkt hij dat het zijn eigen bestaan aan betekenis ontbeert, hij is pijnlijk doordrongen van de zinloosheid van alles.

'Welk schakeltje was hij in de keten der levensdingen? Kon hij niet gemist worden? Kon eigenlijk iedereen niet gemist worden? Was het nodig, dat er zonnen waren en werelden, die elkaar verlichtten en wentelden in samengestelde slingerbeweging om elkander, in eeuwig evenwicht? Was het nodig, dat er op die werelden mensen waren, die ze afdeelden in rijken, met koningen en keizers, in ingewikkelde staatsinstelling, in instellingen duizenderlei aard, vol hoogmoed en ellende? Was het nodig, al het doen der mensheid? Maar tot welk doel dan?'

Kon eigenlijk iedereen niet gemist worden? Zin, doel, waarom, waartoe? De twijfel is echter niet absoluut. Aylva is ervan overtuigd dat, verder dan het verste verschiet, iets op de mensheid wacht dat op een staat van perfectie lijkt – 'het hoge Einde, het eindeloze Doel, het mateloze Nirwana, de Oplossing, het Absolute, grenzeloze Goddelijkheid, waarin het vraagteken niet meer zou zijn, waarin alle wijsheid geweten zou worden, alle onbereikbaarheid zou worden omhelsd.' Misschien, maar die verlossing ligt zo ver weg, en is zo abstract, dat hij Aylva nu geen troost kan bieden. Couperus' alter ego – zijn ontwikkeling als schrijver in de roman valt grotendeels samen met die van Couperus zelf – gelooft in een absolute waarheid die in de verre toekomst geopenbaard zal worden, maar die waarheid voelen doet hij niet.

Ik ook niet. Het lijkt bij Couperus te gaan om een hardnekkig overblijfsel van het weggevallen geloof in religieuze transcendentie. Er is in de negentiende eeuw een fundament weggeslagen, en de leegte die het gevolg is van de dood van God, wordt als een fantoompijn ervaren. Er moet iets zijn wat de leegte vult, er moet iets zijn wat het verlies van God toch nog goedmaakt. Die wensgedachte is tot het einde bij Couperus gebleven, hoewel zijn instinct hem vertelde dat het om een verzinsel ging.

Hoe dan ook, de jonge Aylva ontleent geen enkele zekerheid aan zijn op niets gebaseerde surrogaatgeloof – hij lijkt voorgoed veroordeeld tot een onbezielde, alledaagse wereld. Hij lijkt veroordeeld tot 'de lage sfeer, en de mensen, en hun gedraaf, en zijn eigen tevergeefse moeite, die hij kunst noemde'.

Tevergeefse moeite die hij kunst noemde – Couperus heeft op dat moment al een roman geschreven,

Eline Vere, die honderdtwintig jaar na verschijnen nog altijd in druk zal zijn. Maar succes, benadrukt Couperus steeds weer in *Metamorfoze*, schenkt hem geen enkele bevrediging. De literatuur in zijn wereldse gedaante, met zijn coterieën, met zijn 'geschreeuw, gescheld, hun jongensgezwaai met grote gebaren, hun uitgebazuin van eigen talent, hun clubgeest van elkaar-bewondering, en zelfaanbidding in naïviteit' doet hem alleen nog maar meer twijfelen aan zijn schrijverschap. Hij weet dat al die nieuw afgekondigde stromingen, de pamfletten, de polemieken bij uitstek vergankelijk zullen zijn, dat al die bejubelde romans binnen een paar jaar zijn vergeten. Benauwend is de levenslange toewijding aan de literatuur van schrijvers die literair nog geen deuk in een pakje boter kunnen slaan. Onverdraaglijk is het dwepen met literatuur door mensen die er geen moment werkelijk de invloed van ondergaan.

Hoewel hij telkens – bijna ondanks zichzelf – terugkeert naar de literatuur, biedt deze Aylva geen houvast; wanneer hij gegrepen wordt door een idee of verhaal, wanneer hij schrijft, heeft hij tijdelijk het gevoel dat hij geborgen is, dat zijn leven een vaste vorm heeft, maar zodra hij de roman voltooid heeft, en hij de gedrukte bladzijden voor zich ziet, is hij terug naar af. En aangezien zijn geloof in een hogere orde – doel, oplossing, Nirwana – op geen enkele manier beslag krijgt in zijn dagelijkse bestaan, richt zijn verlangen zich uiteindelijk op *iemand* die hem zal verlossen van zijn panisch dwalen – een levende ziel die hem naar een hoger plan zal brengen.

Waarom pijnigt hij zichzelf zo? Eigenlijk gaat alles goed in zijn leven, hij heeft niets te klagen, maar hij is 'ziek om zijn eigen ziel'. Hij verlangt naar de vaste steun van 'een grote sympathie, die sterk zijn zou, en omhelzen zou haar lijdende lijf, met een kracht van sterke berusting in het lage, en kalm weten van het hoge: het absolute, dat eens zou zijn.'

Couperus schrijft 'haar lijdende lijf'. Dat verwijst naar de zieke ziel van Hugo Aylva. Maar sinds wanneer heeft een ziel een lichaam, laat staan een lijf? Verlangt hij niet gewoon naar *iemand* die sterk is, rustig, niet nerveus, en die zijn armen om zijn lichaam heenslaat? Verlangt hij niet gewoon naar een grote, simpele sterke man, die weinig boodschap heeft aan speculaties over de zin van het bestaan en ook niet aan twijfel over de zin van kunst? Verlangt hij niet gewoon naar zijn Italiaanse vriend Orlando, die zich pas veel later in zijn leven aan hem zal openbaren?

In het begin van zijn schrijversloopbaan is de verlossing door de ander vooral een geestelijke verlossing, zoals in de korte, vroege roman *Extaze*, waarin een vergeestelijkte zielsverwantschap als ideaal wordt voorgesteld. Later, nadat Couperus het zuiden heeft ontdekt, richt al zijn verlangen zich op een lichamelijke verlossing – die nog gefnuikt wordt in *Aan den weg der vreugde* (1908), dat hij expliciet een pendant van *Extaze* noemde – maar zijn vervulling vindt in de verhalen over hemzelf en Orlando.

Metamorfoze gaat niet over een schrijver die zijn demonen verslaat, maar over een schrijver die leert leven met zijn demonen. Aan het einde van de roman kiest Aylva na de dood van zijn moeder, bij wie hij tot dat moment nog steeds inwoont, voor Emilie, het meisje dat – net als Couperus' eigen vrouw – van jongs af aan in zijn nabijheid heeft verkeerd. Dat is eerder berusting dan verlossing. De toon van de roman wordt na veel gekwelde hoofdstukken dan ineens huiselijk op het tuttige af – en ongeloofwaardig, gezien de heftige stormen die eraan voorafgingen. Emilie beschouwt hij als familie, haar moeder noemt hij tante. Zij staat buiten de storm, precies daarin schuilt haar aantrekkingskracht. 'Het was geen zegezang en geen extase: het was een teder, kalm lied.'

Ook hierin volgt de roman, zoals bekend, het leven van Couperus: zijn vrouw en nichtje Elisabeth kende hij al toen zij een jong meisje was in Indië, toen hij daar van zijn negende tot zijn vijftiende woonde. Net als Emilie in de roman was zij het die hem aanspoorde na zijn gekunstelde jeugdpoëzie eens een realistische roman over jonge mensen van hun generatie te schrijven. Aan haar las hij de vers geschreven bladzijden van zijn *Eline Vere* voor.

Zijn hele verdere leven was zij een bondgenoot, praktisch, geduldig, discreet en loyaal tot op het bot; ze moest slechts af en toe verzaken vanwege regelmatig terugkerende zenuwinzinkingen, die erop wijzen dat ze veel tekortkwam. In het korte fimpje uit 1923 waar zij naast haar man voor de kunstzaal Kleykamp staat, schiet ze in de lach op een aanstekelijke manier, die me direct voor haar inneemt. Maar behalve in *Metamorfoze* speelt zij geen noemenswaardige rol in het werk van Couperus; zij fungeert als vanzelfsprekende referentie, een sympathieke aanwezigheid zonder veel reliëf.

Dat wil niet zeggen dat Couperus niet van haar hield, integendeel, misschien was Elisabeth wel de enige mens van wie Couperus ooit gehouden heeft. Maar waarschijnlijk geldt voor hem hetzelfde als voor de Franse schrijver André Gide, die obsessief pederast was en eveneens met zijn nicht trouwde, in de woorden van de essayist Simon Leys: 'Hij kon niet begeren van wie hij hield, hij kon niet houden van wie hij begeerde – voor hem sloten die twee emoties elkaar uit.' (Overigens vindt Leys die gemoedstoestand van Gide uitzonderlijk. Mij lijkt het iets waar meer mensen mee zitten.)

Het bedaarde, huisje-boompje-beestje einde van de roman *Metamorfoze* is dan ook allesbehalve een eindpunt. Het is eerder een rustpunt. De schrijver begrijpt zichzelf nu beter, hij heeft eindelijk geleerd te waarderen wat hij heeft, in plaats van gepijnigd te worden door ongrijpbare verlangens en onoplosbare levensvragen.

Maar de onrust is slechts tijdelijk tot bedaren gebracht; buiten dat kleine, lieve Haagse huisje woeden de stormen gewoon door. De schrijver heeft nu alleen een anker gevonden, een houvast dat hem behoedt voor de maalstroom van de waanzin. Hij heeft gekozen voor lijfsbehoud, geborgenheid.

Maar het vraagteken blijft.

En het vraagteken is dit: wie ben ik en wat doe ik hier? Die dubbele vraag is nu eens heel klein en persoonlijk, gericht op de eigen angsten en verlangens, dan weer wereldomvattend en universeel. Er is een permanent gevoel van vervreemding, het gevoel eigenlijk 'een ander' te zijn, zonder te weten wie. Isolement, eenzaamheid en waanzin liggen op de loer, maar hoe kun je aan je eigen hoofd, vol van bedrieglijke hersenschimmen, ontsnappen? Moet je gaan leven voor andere mensen, ligt de sleutel tot een betekenisvol bestaan in empathie en opofferingsgezindheid? Wat is zinvol als er geen zin is?

Want tegelijkertijd is er een verpletterend gevoel van tijdelijkheid – waarom je inspannen, ambities koesteren, je leven vaste vorm geven, je vestigen, kunst maken, wanneer je er diep van doordrongen bent dat niets van dat alles beklijft?

De meeste mensen zijn belachelijk in hun nietige ambities, hun potsierlijke eigendunk, hun kleine verlangens en jaloezietjes – kijk naar de Amsterdamse schrijverskliek! Waar gaat het over? Maar wanneer je door dat alles heenkijkt, wanneer je zoekt naar wat wezenlijk is, wanneer je geen kleine, maar een grote ziel wilt zijn, wat dan?

Het vraagteken van Couperus krimpt en dijt uit, nu eens scherp, ironisch, plagend – dan weer kosmisch en dreunend. In het vroege *Metamorfoze* is het nog vooral persoonlijk – Aylva is de man die zich nergens thuis voelt, niet in zijn milieu, niet in zijn zelfgekozen isolement, niet in zijn kunst. In *Iskander* (1920), omvat het vraagteken de hele wereld.

In de negentiende eeuw, de eeuw waarin Couperus volwassen werd, is de roman nog bij uitstek een sociaal genre – een roman gaat over het drama van het menselijk verkeer, het vallen en opstaan van individuen in de samenleving, hun ambities, hun bedrog, hun triomf en hun schande. Gaandeweg komt daar het menselijke bewustzijn bij – het gaat niet langer over wat er tussen mensen gebeurt, het gaat nu ook over hoe mensen dat beleven. De schrijver kijkt steeds dieper in het hoofd van zijn personages, de spanning tussen binnen- en buitenwereld wordt steeds hoger opgevoerd, van *Madame Bovary* (1857) tot aan de laatste drie grote romans van Henry James uit het begin van de twintigste eeuw, die bijna enkel nog vanuit het bewustzijn van zijn personages geschreven zijn en het modernisme aankondigen.

Maar de Russen Tolstoi en Dostojevski rekken halverwege de negentiende eeuw het sociale domein van de roman ook de andere kant op. Zij stellen in hun romans wat de criticus George Steiner de godsvraag noemt – kan een mens betekenisvol leven zonder god? Waar vindt hij zijn betekenis, zijn moraal, zijn transcendentie, als die niet langer bepaald worden door een hogere instantie? Wat is een mens wanneer een metafysische dimensie niet langer meer verondersteld wordt? Die vragen resoneren ver voorbij het sociale domein. De schrijver stelt niet langer alleen sociale vragen, hij stelt levensvragen.

Couperus is hun Hollandse erfgenaam; het naturalisme van Zola en Ibsen krijgt bij hem al vanaf het begin een existentiële dimensie – het dreunende *waarom*? De sociale en metafysische vanzelfsprekendheden zijn weggevallen. Wat komt ervoor in de plaats? En, lastiger: wat als er *niets* voor in de plaats komt, wat als geen andere zekerheden te vinden zijn?

Couperus is, net als Joseph Conrad en Henry James, een pre-modernist; één voet in de negentiende, de andere in de twintigste eeuw. Al zijn meesterwerken, dat wordt vaak vergeten door lezers die hem in een nostalgisch, negentiende-eeuws licht wensen te zien, verschenen in de twintigste eeuw. In *Eline Vere* is het elektrisch licht nog een hele uitvinding, in zijn laatste reisverhalen schrijft hij over steeds snellere auto's, jazzorkestjes, buikdansavondjes voor toeristen, en vrouwen in cocktailjurken, met lange parelsnoeren.

Toen Couperus geboren werd, was *Madame Bovary* zeven jaar oud; toen hij stierf werkte F. Scott Fitzgerald aan *The Great Gatsby*. *Ulysses* was net verschenen, Proust was het jaar daarvoor overleden. Op uitnodiging van de dirigent Willem Mengelberg bezocht Couperus tijdens zijn laatste jaren concerten waar Mahler werd gespeeld – maar zijn hart bleef uitgaan naar de negentiende-eeuwse Italiaanse opera, ook al besefte hij hoe potsierlijk en conventioneel de meeste uitvoeringen waren.

Couperus was dus ontworteld in de tijd. Alle zekerheden die bij zijn geboorte nog rotsvast leken te zijn, bleken algauw wankel en tijdelijk. Het is dan ook mooi symbolisch dat zijn grote roman over ontwortelde mensen, *De stille kracht*, precies op het breukvlak van twee eeuwen verscheen – net als die andere meesterlijke novelle over een fataal soort ontworteling: Joseph Conrads *Heart of Darkness*. In beide werken wordt het gerieflijke idee van westerse beschaving, of van alle beschaving, op losse schroeven gezet, door die naar een wezensvreemde omgeving te verplaatsen – de Congo bij Conrad, Java bij Couperus.

Maar net als bij Conrad ging het ontworteld-zijn van Couperus veel verder dan dat van een man die geboren wordt in een vastomlijnd milieu vol zekerheden en geconfronteerd wordt met een snel veranderende wereld. Couperus was ook in een ander opzicht ontworteld. De stille kracht die hij in zijn gelijknamige roman beschreef, kende hij uit ervaring: van toen hij een jongetje in Indië was. Daar leerde hij het vraagteken voor het eerst kennen, in zijn meest afschrikwekkende gedaante: die van de zuivere, naakte angst.

De badkamer

In de derde week van januari 1917 – het was nog steeds oorlog – deed Louis Couperus iets ongebruikelijks. In de *Haagsche Post* publiceerde hij die en de daaropvolgende maand een reeks feuilletons onder de verzameltitel 'Wonderlijke historiën'. Het waren korte schetsen over bovennatuurlijke of semi-bovennatuurlijke gebeurtenissen, het merendeel duidelijk verzonnen, zoals het verhaal van Couperus' ontmoeting met een prachtige jongen, die in werkelijkheid de vijftig al gepasseerd was, maar achterstevoren leefde. Daardoor was hij in staat zijn ruime levenservaring te gebruiken tijdens zijn herwonnen lichamelijke gloriejaren – een typische homoseksuele wensdroom, die in het echt natuurlijk zwaar tegenviel: 'Het is niet wat ik dacht... het is niét... het geluk.'

Bij de derde wonderlijke historie in de reeks deed Couperus iets wat hij eigenlijk nooit deed: hij liet zijn tekst vergezeld gaan van een plattegrondje. Kennelijk was hij bang dat het niet helemaal duidelijk was wat hij had beschreven, of dat zijn lezers hem niet zouden geloven. En dat was dit keer belangrijk, want deze anekdote was waargebeurd, hij had hem verteld 'zonder een zweem van literaire fantasie'.

Het was een plattegrond van een badkamer.

'De badkamer', zo heet ook het feuilleton. Couperus beschrijft hoe op een namiddag 'de stille kracht' zich aan hem openbaarde. Het gebeurde in het jaar dat hij met zijn vrouw terug in Indië was, in de binnenlanden, op een suikerfabriek, waar ze bij haar familie logeerden. Het was tijdens de korte schemering, 'dat vreemde uur van geheimenis, die vreemde korte pose, waarin de adem der natuur zich schijnt in te houden, uit eerbied voor het oppernatuurlijke, uit angst misschien voor wat de natuur, in haar eenvoudige drang om te groeien, te bloeien, te doen wassen en te doen weligen, te doen leven en te doen versterven, bovennatuurlijk schijnt...' In de grote tuin weefde de vroege schemering 'haar webbe van onwezenlijkheid, waarin als zwarte vlinders uit angstige dromen de grote vleermuizen even cirkelden'.

Dat geheimzinnige uur keert iedere dag terug, zodat gewenning optreedt. Op weg naar de badkamer – Indische badkamers stonden los van het woonhuis, achter in de tuin – waar Couperus zijn tweede bad van die dag gaat nemen, is zijn gemoedstoestand dan ook 'bijna stemmingsloos'. Hij denkt aan een paar brieven die hij nog moet schrijven, 'gewone brieven aan gewone mensen over bijzonder gewone dingen'.

In de Indische badkamer schemert het grauw. De lijfjongen heeft zijn spullen al klaargezet. De ruimte wordt doorsneden door een halve muur, waarachter zich een met water gevuld bassin bevindt en een tweede deur, die eveneens op de tuin uitkomt. Op het moment dat Couperus het oude gebouwtje binnentreedt, ziet hij 'héél duidelijk, onloóchenbaar duidelijk' een witte verschijning, een tulband op het hoofd, of in ieder geval een hoofddoek, achter de halve muur verdwijnen, in de richting van de tweede deur – die Couperus vanwaar hij staat niet kan zien. Hij neemt aan dat het een bediende is, die zich toen hij de Hollandse logé zag binnenkomen, gauw uit de voeten maakte.

Toch is er iets vreemds. 'Waarom wit...? Waarom zo wit...? Want de Javaanse bedienden aldaar droegen géen wit...' Couperus haalt zijn schouders erover op en kleedt zich uit. Nadat hij zijn kleren heeft opgehangen en achter de muur op het bassin afstapt, bedenkt hij dat hij de tweede deur nog moet vergrendelen – de deur waardoor de in het wit geklede Javaan is verdwenen. Anders kan er zomaar iemand binnenkomen, terwijl hij zichzelf naakt met water staat te begieten.

Maar:

'De grendel was voor geschoven.'

De witte Javaan moet door de deur zijn heen gegaan, een andere mogelijkheid is er niet. Couperus weet zeker dat hij hem gezien heeft. Geschrokken gaat hij in het bassin staan en giet snel water over zich heen. 'Het water viel als een kille koorts over mijn plots klamme lichaam... Haastig droogde ik mij, schoot mijn kleren aan, wilde de badkamer verlaten... Het scheen mij of dit uren duurde en of ik de grendel der deur, waardoor ik binnengekomen was en mij nu verwijderen wilde, maar niet terúg kon schuiven...'

In de tuin is de avond gevallen. De schemering is opgegaan in het donker, de vleermuizen cirkelen niet meer. Vóór hem, boven het silhouet van het huis, stijgt de zilveren maan tegen de zwarte hemel, 'als een groot zilveren gelaat, wiens geheimzinnig uitstralend wezen alles begreep, vooral de dingen der schemering, die even weifelt vóor de nacht is geworden...'

Dat is de slotzin van deze 'wonderlijke historie'. Daaronder drukt Couperus het plattegrondje van de badkamer af – hier de kapstok voor de kleren, daarachter 'Het Witte', rechts de halve muur, daarachter de tweede deur, en vlak bij de eerste deur een kruisje met *Ik* erbij – plus de verzekering dat het allemaal echt gebeurd is.

'Dit is De Stille Kracht...' Couperus laat er geen twijfel over bestaan; wat hem overkomen is, verwijst naar de scène die in zijn hele oeuvre het bekendst is geworden, vooral door de televisieserie uit 1974: die waarin de chronisch overspelige Léonie van Oudijck tijdens haar bad bespuwd wordt met sirih-sap uit onzichtbare monden.

In zijn biografie van Couperus vermeldt F.L. Bastet dat de ervaring met de geheimzinnige witte figuur in de badkamer plaatsvond in 1899 te Gabroe, Blitar, waar de moeder van Couperus' vrouw verbleef bij haar zoon Willy. De gebeurtenis moet indruk gemaakt hebben op Couperus, zoveel dat hij achttien jaar later in zijn Haagse werkkamer nog een plattegrond kon tekenen van de bewuste badkamer.

Er moet van het incident ook een creatieve impuls zijn uitgegaan: *De stille kracht* werd vlak daarna, nog tijdens zijn verblijf in Indië in een paar maanden geschreven. Dat laatste blijf ik verbluffend vinden; er zullen maar weinig literaire meesterwerken zo snel geschreven zijn op de plek zelf waar de schrijver inspiratie opdeed. Vandaar dat Laboewangi zo letterlijk overeenkomt met Passoeroean op Oost-Java, waar Couperus en zijn vrouw later dat jaar logeerden en waar Couperus iedere dag in de achtergalerij van de residentswoning aan zijn roman schreef.

De witte figuur die volgens Couperus dwars door een vergrendelde deur moet zijn gelopen, keert in de roman terug als de mysterieuze witte hadji, de Mekkaganger, die steeds opnieuw dramatisch opduikt in het verhaal. Tot in de laatste regels: wanneer de resident Van Oudijck samen met Eva Eldersma, de vrouw van de secretaris van Laboewangi, aan het eind van de roman afscheid nemen in Garoet, beiden verslagen en gebroken door hun wezensvreemde omgeving, bespeurt het oog van de schrijver opnieuw de witte figuur, die nu het triomfantelijke symbool is geworden van alles waartegen Otto van Oudijck en Eva Eldersma niet zijn opgewassen:

'...zij voelden het beiden, het Onuitzegbare... En in het voelen ervan, tegelijk met de weemoed van hun afscheid, dat zo dadelijk dreigde, zagen zij niet, te midden der golvende, deinende, gonzende menigte, die als eerbiediglijk voortstuwde de gele en purperen voornaamheden der uit Mekka terugkerende hadji's – zagen zij niet die ene grote witte, rijzen boven de menigte uit en kijken met een grijnslach naar de man, die hoe hij ook zijn leven geademd had in Java, zwakker was geweest dan Dàt...'

Dát – wat is Dát? *De stille kracht* is een visionaire

roman over de onmogelijkheid van een cultuur om zich door overheersing blijvend te wortelen in een andere cultuur. Alle symbolen van westerse macht en cultuur worden in de loop van de roman ontheiligd en gebroken: de even rationele als kortzichtige heersersnatuur van resident Van Oudijck, de esthetische kunstziel van Eva Eldersma, het ogenschijnlijk zo ongenaakbare lichaam van Léonie van Oudijck. Het huis van de resident, met zijn 'indrukwekkend paleisportaal' valt ten prooi aan geheimzinnige krachten, de 'tempel' voor de kunst die Eva Eldersma van haar woning wil maken, verkruimelt waar ze bij staat: 'En geheel de esthetische filosofie, waarmede zij eerst zich geleerd had van Indië te houden, te waarderen het goede in Indië, te zoeken ook in Indië naar de mooie lijn, uiterlijk, en naar het inwendige mooi, van ziel, was niet meer bestand tegen het stromen van het water, tegen het uiteen kraken van haar meubels, tegen het vlakkig worden van haar japonnen en handschoenen, tegen al de vocht, schimmel en roest, die haar bedierf haar exquise omgeving, die zij om zich heen als troost had ontworpen, geschapen, als troost voor Indië.'

Wanneer Eva aan het eind van de roman, ziek en gedesillusioneerd, naar Batavia gaat, treft ze een dodenstad aan, een 'mausoleum in het groen'.

Geen van de Hollandse personages is in staat hun Javaanse omgeving te doorgronden, waardoor ze de krachten niet zien die uiteindelijk hun ondergang worden. Otto van Oudijck geeft zijn ambities op en eindigt als een verslagen man in een klein hutje bij een inlandse vrouw, zonder macht, berooid en verlaten, tevreden enkel uit berusting.

Wel heeft hij zelfinzicht verworven. Zijn logische wereldbeeld, beseft hij, was niets anders dan 'een foutief opgebouwd levensstelsel, als de meest abstracte bespiegeling omdat er dwars doorheen dingen gebeurden van een andere wereld, dingen, die mij ontsnapten, mij en aan iedereen. Dat, dat alleen heeft het gedaan. Ik was mezelf niet meer. Ik wist niet meer wat ik dacht, wat ik deed, wat ik gedaan had. Alles heeft in mij gewankeld.'

De kortzichtigheid van Van Oudijck, die zichzelf als een verlicht bestuurder beschouwt, is de kortzichtigheid van de Nederlander, van de hele koloniale onderneming in Nederlands-Indië – de roman is behalve een psychologisch drama ook een vernietigende kritiek op het Hollandse kolonialisme. Het is geen politiek geschrift. De personages schieten tekort in hun *blik*, ze zitten op een fatale manier gevangen in hun manier van kijken, gevormd door cultuur, milieu, afkomst, groepshorigheid.

De door hen overheerste Javaan beschikt wel over een wijde blik, zijn aangeboren gevoel voor mystiek verzandt niet altijd in occulte vaagheid, maar stelt hem juist in staat in de toekomst te kijken en de kortzichtigheid van de vreemde overheerser haarscherp te zien: 'Diep in zich heilig zeker van eigen mening, en zo wijd verwijderd van alle overheersers-gedachte, overheersers-beschaving, dat een verbroedering tussen meester en dienaar nooit zijn zal, omdat onoverkomelijk het verschil blijft, dat voortwoekert in ziel en bloed. En de westerling, prat op zijn macht, op zijn kracht, op zijn beschaving, humaniteit, troont hoog, blind, egoïst, eigendachtig tussen al de ingewikkelde raderen van zijn autoriteit, die hij uurwerkzeker laat grijpen in elkaar, controle op iedere wenteling, tot voor vreemden, buitenaf, een meesterwerk, wereldschepping schijnt te zijn die overheersing der zichtbare dingen: kolonisatie van de bloedvreemde, zielvreemde grond.

Maar onder al dit vertoon schuilt de stille kracht, en sluimert nu, en wil niet strijden. Onder al die schijn der zichtbare dingen, dreigt het wezen der stille mystiek, als smeulend vuur in de grond en als haat en mysterie in het hart.'

De steeds terugkerende witte hadji in *De stille kracht* heeft een melodramatisch effect; net als de onverklaarbare, occulte verschijnselen die het dagelijkse leven van Van Oudijck in de residentswoning, nadat hij de inlandse regent heeft ontslagen, tot een hel maken: rondvliegende stenen, een glas whisky dat plotseling verkleurt, onverklaarbare geluiden, het naakte lichaam van zijn vrouw bespuwd.

Dat zijn slechts de uiterlijke verschijnselen van een diepere, onzichtbare kracht – een onverenigbaarheid van culturen, van westerse mens en Javaanse natuur zelfs. Maar wat Couperus vooral als fataal beschouwt, is de kortzichtigheid van de Hollandse overheerser, zijn niet ontvankelijk zijn voor dingen die zich buiten zijn hoogmoedige, en daardoor beperkte blik bevinden.

De resident is geen boeman, integendeel, maar hij is

wel blind. Een belangrijke wet van het klassieke melodrama luidt dat het goede zuiver goed is, en dus niet bij machte is het kwaad te zien dat het bedreigt – dat is Otto van Oudijck die ongezien wordt gadegeslagen door de grijnslachende witte hadji aan het einde van de roman, nadat zijn ondergang een feit is. Maar de rolverdeling in *De stille kracht* volgt slechts aan de oppervlakte die van het melodrama. De zwakte van Van Oudijck is niet dat hij niet kan zien, maar dat hij niet *wil* zien, niet zozeer de witte hadji die zijn pad kruist, maar de subtiele, ongrijpbare sfeer en stemming waarvan deze mysterieuze Mekkaganger het symbool is. De resident is er weliswaar in geslaagd de occulte krachten die op hem worden losgelaten op ferme wijze te bedwingen, maar hij kan niet *begrijpen* wat hem is overkomen, waardoor zijn kijk op de wereld niet langer logisch is en hij toch het onderspit delft. Hij blijkt zelf zijn grootste vijand.

In *De stille kracht* bevindt de resident van Oudijck zich in een vreemde omgeving, waar zijn idee van humaniteit, redelijkheid en rechtvaardigheid ontmaskerd wordt. Degene die door hem overheerst wordt, ziet hoe zelfgenoegzaam en blind het idee van westerse beschaving is: 'Hij, hij kent de overheerser met één enkele blik van peildiepte; hij, hij ziet hem in die illusie van beschaving en humaniteit, en hij weet, dat ze niet zijn.'

Juist omdat het idee van westerse beschaving in de context van een totaal andere cultuur wordt geplaatst, blijkt het een rigide, beperkt en grotendeels illusoir zelfbeeld. Van Oudijck leeft niet volgens de ‘tintwisseling’ van zijn leven, schrijft Couperus. Hij heeft geen oog voor wat achter de zichtbare werkelijkheid schuilgaat, hij is ongevoelig voor ‘de mystiek der zichtbare dingen’.

Zijn fatale kortzichtigheid verhindert hem niet alleen de occulte krachten van de inlanders te begrijpen. Omdat hij vanuit theorieën en principes leeft, kan hij niet begrijpen waarom de inlandse regent, die slecht bestuurt en zichzelf volledig verliest in mystieke hersenspinsels, wel populair is bij de bevolking, en hijzelf niet.

Ook zijn eigen verrotte gezin doorgrondt hij niet. ‘Trouwens, hij was thuis geheel blind. Hij had thuis die volslagen blindheid, die zo dikwijls hebben mannen, zeer kundig en bekwaam in betrekking en werkkring, gewend scherp om te blikken in het wijde perspectief van hun arbeidsveld, maar bijziende thuis; gewoon te analyseren de massa der dingen, en niet de details van een ziel; wier mensenkennis is gebaseerd op principe, en die de mensen in types verdelen, als met een rolverdeling in een ouderwets toneelspel; die dadelijk doorgronden de arbeidsgeschiktheid hunner ondergeschikten, maar wie zelfs nooit aanzweemt iets van het in elkaar geslingerd complexe, als verwarde arabesken, als verwilderde ranken van het zielsingewikkelde hunner huisgenoten, steeds blikkende over hun hoofden heen, steeds denkende over hun woorden heen, en zonder belang voor al het veeltintige, van emotie en haat en nijd en leven en liefde, dat regenboogt, vlak voor hun oog. Hij had zijn vrouw lief en hij had lief zijn kinderen, omdat hij behoefte had aan vaderlijkheid, aan vader-zijn, maar hij kende noch vrouw, noch kinderen.'

Die kortzichtigheid wordt hem fataal in de sleutelscène van de roman – de scene waarin hij weigert toe te geven aan de smeekbede van de Raden-Ajoe Pangéran, de moeder van de regent die hij heeft afgezet wegens openbare dronkenschap. De oude vorstin vernedert zichzelf door haar haar los te maken en zijn voet in haar nek te zetten, hem smekend om toegeeflijkheid. Op dat moment komt zijn vrouw Léonie binnen en dan draait Couperus de rollen om: het is de totaal egocentrische Léonie die instinctief begrijpt dat haar man op dit moment moet toegeven en het is haar betrokken, verstandige echtgenoot die dat niet kan. Zij begrijpt het in een opwelling van humaniteit, uit empathie met de zichzelf zo diep vernederende vrouw. Haar man denkt vanuit zijn principes, hij weigert te leren van zijn ervaringen. Voor hem is het een beslissend moment:

'Misschien, als hij had toegegeven, ware zijn leven anders geweest.'

Het is een adembenemende scène.

Na het incident in de badkamer wil Van Oudijck korte metten maken met het mysterie; samen met een paar angstige ondergeschikten brengt hij er een nacht door: 'Ze bleven er de gehele nacht. En de gehele nacht bleven afgezet en omsingeld erf en huis. Tegen vijf uur kwamen zij eruit, en namen dadelijk, gezamenlijk, een zwembad. Over wat hun gebeurd was, spraken zij niet, maar hun nacht was verschrikkelijk geweest. Nog de volgende morgen werd de badkamer omvergehaald.'

Ook dit is *horror* à la Stephen King (Couperus maakte voor deze passage gebruik van een verhaal dat in Indië de ronde deed), maar de gebruikelijke catharsis ontbreekt. Het kwaad wordt weliswaar bezworen, maar met de badkamer wordt ook het wereldbeeld van de resident omvergehaald.

De badkamer vormt het duistere hart van *De stille kracht*, het is een oord van verschrikking, maar wat zich daar ophoudt wordt nooit benoemd, zoals in die veel latere antikoloniale roman *A Passage to India*, nooit wordt opgehelderd wat er precies in de grotten van Marabar heeft plaatsgevonden.

Daarbij steekt de anekdote die Couperus in zijn bezadigde jaren over de Indische badkamer in Gabroe vertelt op het eerste gezicht bleek af. Waarom was hij er zo ontdaan over? Waarom wilde hij na zoveel jaren de lezers van de *Haagsche Post* van de waarheid van zijn anekdote overtuigen door middel van dat plattegrondje? Wat wilde hij ermee zeggen?

Echt schokkend is de ervaring niet. Couperus *denkt* een witte figuur door de badkamer te hebben zien lopen, maar dat kan niet zo zijn geweest, want de grendel zit voor de tweede deur geschoven.

Er zijn dus drie mogelijkheden: a) De witte Javaan was er, maar hij heeft op een andere manier de badkamer verlaten. b) Couperus is het slachtoffer van een zinsbegoocheling geweest. c) Couperus liegt. Vanzelfsprekend is er nog een vierde, *onlogische* verklaring: het gaat echt om een bovennatuurlijk fenomeen. De laatste twee verklaringen roepen meteen de vraag op: waarom? Een spectaculaire paranormale ervaring is het niet – of hij nu echt is of verzonnen door een schrijver die zich vaak beriep op zijn artistieke leugenachtigheid. Toch groeien de hadji en de badkamer kort daarna uit tot symbolen van dreiging en verschrikking in zijn roman.

Loog Couperus tegen zijn lezers? Hij speelde graag met de werkelijkheid in zijn feuilletons, hij ging er zelfs prat op, het was voor hem volkomen natuurlijk – en volgens mij zelfs noodzakelijk – om ware gebeurtenissen aan te vullen of te verdraaien, maar hij verzon niet vaak zomaar iets zonder reden. Bovendien, juist het weinig spectaculaire karakter van de geestverschijning lijkt een bewijs dat hij dit keer zijn best deed een werkelijke gebeurtenis zo nauwgezet mogelijk weer te geven; en als gezegd, de plattegrond van de badkamer die hij bijvoegde wijst erop dat hem daar veel aan gelegen is.

Waarom? De angst die Couperus beschrijft blijkt een heel oude angst. In het feuilleton 'Toen ik een kleine jongen was...' dat in de herfst van 1910 in *Het Vaderland* verscheen, beschrijft hij zijn tegenstrijdige gevoelens over het Indië waar hij als jongetje een vijftal jaren doorbracht. 'Ik was negen jaar, toen ik geboren in Holland, naar Indië ging, en nú weet ik pas, wat mij, op Java, bekoorde, en wat ik er miste... Nu dat ik Italië liefheb, nu weet ik, wat ik toen, kind van tien jaar, miste in Indië...'

Allereerst was er de zon. 'Ik vond het heerlijk, dat de zon er scheen. De zon, o, dat was iets oneigenlijks, iets verborgens in Holland, ook al scheen des zomers de zon! Maar de stage zon, dat was er iets goddelijks!

Een kind lijdt niet van de warmte en ik, ik aanbad de zon. De zon was mij als een godheid.'

Toch ontbrak er iets wezenlijks. 'Er was de zon, en het was wel het Zuiden, maar het Zuiden zonder emotie en zonder herinnering, en toch was ik het kind van ouders in Indië.' En: 'Nu slechts weet ik, dat om volmaakt gelukkige kindertijd, om volmaakt gelukkige jongensjaren te hebben kunnen doorleven, ik tóen, tien jaar oud, naar Italië had moeten gaan, en niet naar Indië, ook al scheen er de zon.'

Zonder emotie, zonder herinnering – een ongenaakbare, onmenselijke natuur onder de brandende zon. Later vulde Couperus zijn leven met cultuur, raakte zijn geest doordrenkt van geschiedenis, gebouwen, schilderijen, beelden, en lieflijke, al eeuwen door mensenhanden gecultiveerde natuur. Italië werd voor hem het land van de schoonheid, het land van een volmaakt natuurlijke harmonie van de mens en zijn omgeving, van heden en verleden, lichaam en geest. Dat alles was vreemd aan Indië.

Maar dat land oefende ook een onweerstaanbare aantrekkingskracht uit op het jongetje dat hij was: 'Toch was er in Indië voor mij iets goeds: ik voelde er mij, als een klein groen vruchtje, rijpen; er zwol iets in mij, en de glimlach, die altijd glimpte in mijn kleine ziel, werd iets schitterender, van levensvreugd.'

Een deel van die aantrekkingskracht was seksueel: 'Het leven ging voor mij open; de jongens, die mij, toen ik aankwam, héel dom vonden, leerden mij de verborgen dingen en de wijze, nóoit onder de grote mensen, gezegde woorden, en waren allemaal, óf verliefd op kleine meisjes, óf heel branie met de baboe's thuis van hun moeders of zusjes, óf zij hadden vriendjes op school, heel innige vriendjes. Dit alles maakte te zamen de indruk of het leven open ging, of ik nu wel heel het leven inzag, al was het maar het leven van jongens en meisjes, van kinderen; eigenlijk veel interessanter dan het leven van grote en oude mensen, dacht ik. Ik begreep, dat ik thuis moest oppassen, niets moest laten merken van álles wat ik al wist; al waren er dingen die ik niet goed begreep.'

Dingen die ik niet goed begreep – die broeierige, geheimzinnige schoolsfeer van wild verlangen en prepuberale seks in Indië beschrijft Couperus uitgebreid in *Metamorfoze*. In die roman durft hij het niet aan om zijn alter ego Aylva een homoseksueel gericht gevoelsleven te geven. Diens grote identiteitscrisis wordt veroorzaakt door een ongelukkige affaire met een gescheiden vrouw in Parijs, de episode die in het verhaal het meest verzonnen aandoet en tot vreemde, disproportionele gevoelsuitbarstingen leidt. Wanneer Aylva, ziek van liefdesverdriet, zijn moeder zijn hartstocht opbiecht, klinkt het alsof het om een ernstige schanddaad gaat: 'Aan haar voeten, het hoofd in haar schoot, zei hij haar het zieke geheim, en zei hij het heel eenvoudig... Dat hij hield van een vrouw.'

Via een sluipweg van de verbeelding durft Couperus toch zijn gevoelsleven bloot te leggen. In het deel 'Het boek van Anarchisme', waarin de gebeurtenissen min of meer parallel lopen met de tijd waarin Couperus zijn koningsromans *Majesteit*, *Wereldvrede* en *Hoge troeven* schreef, werkt Aylva aan een roman over een zoekende ziel, een jongen die in Indië een hevige jeugdliefde beleeft. De stoere Arnold koestert een bezitterige liefde voor zijn precieuze, blonde klasgenootje Kareltje; ze zitten samen op een particuliere school in Batavia.

'Hij houdt van Kareltje, o veel meer dan van alle meisjes te zamen... [...] En Arnold leert hem hoe het leven is. Karel is heel nieuwsgierig en vraagt hem allerlei dingen met glimmende ogen. Dan praten ze geheimzinnig en Arnold waarschuwt Kareltje zich niet te bemoeien met die jongens en met die: die doen slechte dingen met elkaar in donkere hoekjes...'

Kareltje belooft weg te blijven van die jongens, maar Kareltje blijkt een beetje een sletje. 'Toen Arnold veel verdriet had om Kareltje, en zijn liefde voor Kareltje voelde verwelken, omdat Kareltje toch knoeide met andere jongens in donkere hoekjes, en niets begreep van Arnolds strijd, toen voelde Arnold zonneglanzen, zijn Tweede Liefde.'

Die tweede liefde is... Jezus, een heel andere figuur dan Kareltje. De schrijnende hartstocht wordt ingeruild voor het verheven, onwerkelijke ideaal, dat niet alleen hemzelf maar de gehele mensheid ten goede moet komen. Aylva ziet Kareltje als 'een klein katje, oppervlakkig, vol kleine egoïsmetjes, nieuwsgierigheidjes, dunne emotietjes als van een jongens-poppenzieltje...' En als een voorafschaduwing van de latere zelfkarikaturen die in de romans van Couperus opduiken: 'Dat zou later worden een koude, nette, kleine gommeux, en daarna zich poseren als net mens: een net mannetje van de wereld, vol geheime ondeugd.'

De onbekende werelden die zich in Indië openden voor het kind joegen ook angst aan. De heimelijke ontdekkingen van de kindertijd zijn doortrokken van angst voor ontdekking en schuldgevoel.

'Kent gij de vreselijke Angst?' vroeg Couperus de lezers van *Het vaderland* op 16 september 1911. 'Kent gij de duistere, de zwarte, de beklemmende, de verstikkende Angst; kent gij het u hardnekkig achterna volgende spook Angst; kent gij de Angst, die u op de hielen zit en dreigt in te halen, of kent gij de Angst, die in één zit gedoken in de schaduw der duistere kamerhoeken; de Angst, die u opwacht boven aan de wending van een sombere, nauwe trap, aan de kronkel van een duisterende woudweg, aan de hoek van een nauw-zwarte nachtstraat, of in de diepste spelonk van uw eigen ziel? Kent gij de Angst?'

Couperus beschrijft zijn kinderangsten als een spookverschijning, een 'droomdemon'. De angst is bij hem in zijn kinderkamer, trekt zich terug in een donkere hoek wanneer de kleine Louis zijn gebeden zegt, komt tot hem in zijn dromen. Couperus komt adjectieven tekort om de verschrikkelijke plaats van zijn nachtmerries te beschrijven: 'Hoge, donkere, duistere, diepe, dichte en onuitkoombare wouden, waar de wolven wachten op hun prooi, en de voetstappen der reuzen ritselen door de gevallen bladeren...' Angst betekent verloren zijn in een duistere, beklemmende wereld, van alle kanten bedreigd door onzichtbare wezens.

In Indië worden die verschijningen bijna tastbaar: het droomwoud is de tropische tuin in de schemering, met de rondvliegende vleermuizen, de droomdemon de schaduw op de muur van de badkamer. 'Het kind kende later de Angst, in geheimzinnig Indië… Kent gij de tropische ure der schemering, kort maar huiverig angstig, als alle geluiden plotseling zwijgen: de huivervolle, angstige pose, als tussen de lovering van de waringins de bleke spookgezichten uitstaren… In de schaduwen der duisterende tuinen liggen de gekronkelde python-slangen op de loer en in de schaduwen der grote huizen, waar de lampen nog niet alle ontstoken zijn, schuifelen de witte schimmen langs de witte kalkwanden… het is het ogenblik, dat de geesten met u meegaan door de overdekte gangen, die, door de tuinen, naar de grote badkamers geleiden… Neem uw tweede bad toch niet zo laat… Het is het ogenblik, dat de zwarte schimmen dansen langs de gitkleurige teerranden der grote badkamers, en uitgrijzen tussen de grote martevanen… De martevanen zelve zijn grote gnomen geworden… Als het kind had school moeten blijven en heel laat het tweede bad moest nemen, goot hij zich het water over zijn rillende lichaam uit terwijl de zwarte schimmen rondom hem dansten en boven hem drie vleermuizen in dreigende kringen zwapperden.'

Couperus schreef 'De angst' bijna twaalf jaar na zijn mysterieuze ervaring in Gabroe. Maar de angst die hij voelde nadat hij ontdekt had dat de witte Javaan door de vergrendelde deur moest zijn heengestapt en hem rillend het water over zijn naakte lichaam deed gieten, lijkt nu verdacht veel op zijn kinderangst, de angst van het kind voor schimmen en spoken, voor de verlatenheid, de onzichtbare dreiging van een vijandige omgeving.

De kleine Louis in de jaren 1872 tot 1878 in Indië, de volwassen Couperus, de *schrijver* Couperus vooral, in 1899, Léonie van Oudijck in *De stille kracht* in 1900: alle drie gaan zij in de schemering door de tuin, naar de Indische badkamer.

Wanneer Couperus over zijn kinderangsten schrijft, geeft hij zijn gevoelens een reële gestalte: hij personifieert zijn angst tot een tastbare aanwezigheid – een figuur met schitterogen die zichzelf op de achtergrond houdt, neerhurkt in donkere hoekjes van het vertrek. Is het dan vreemd dat zijn onderbewustzijn diezelfde schimmen weer tot leven roept wanneer hij, volwassen inmiddels, opnieuw door de tuin moet lopen, opnieuw de badkamer in moet gaan?

Wanneer Couperus die avond in 1899 naar de Indische badkamer wandelt, denkt hij aan niets verschrikkelijks, alleen aan brieven die hij nog moet schrijven. Aanvankelijk schrikt hij dan ook niet van de witte gestalte in de badkamer, denkt dat het om een bediende gaat, maar wanneer hij de grendel voor de deur geschoven ziet, steekt zijn oude angst de kop op. Hij is weer het naakte, bange kind dat zichzelf rillend in het donker met water begiet.

Ook in het bespuwen van het wulpse, blote lichaam van Léonie van Oudijck keert die emotie terug: de spuwende rode monden in de badkamer verschijnen uit het niets. In *De stille kracht* is deze gruwelijke ervaring van Léonie nauw verbonden met haar seksuele narcisme, de 'tempel' van haar ongenaakbare, ongevoelige lichaam wordt op een diep vernederende manier besmeurd. Je kunt je afvragen of Couperus' eigen kinderangst voor het eenzame, naakte bad ook een seksuele component heeft, of de dreiging van de schimmen op de muren ook iets te maken zouden kunnen hebben met schuldgevoel over zijn inwijdingen op school waar hij voor straf had moeten nablijven – een gevoel van bezoedeld zijn, door al die dingen waarvan hij wist dat hij ze nooit tegen zijn ouders moest vertellen.

Dat is speculatie, voer voor biografen. Hoe Couperus ons zijn angst voorstelt, is belangrijker: een kleine, naakte menselijke figuur in een vertrek gevuld met duisternis. Dat is de toestand waarin de meeste van Couperus' romanpersonages zich bevinden, vanaf Eline Vere helemaal tot Alexander de Grote.

Ook Couperus zelf zag zich zo. 'Ik heb de angst altijd gekend... En ik ben niet bang en ik ben nooit bang geweest... Maar wie niet bang is en zelfs overmoedig, kan de plotselinge Angst toch wel ontmoeten in de donkere huizen, de donkere straten, de donkere wouden of in zijn eigen donkere ziel... Want wie báng is, is bang voor iets of voor iemand... Maar wie de Angst kent, voelt die Angst als een geheimzinnigheid, in hem, om hem, als een geheimzinnige dreiging van wat gebeuren of komen gaat...'

Deze angst heeft geen vorm, geen gezicht. Het is een stille kracht.

Twee goden

Tegelijkertijd werd er het jongetje in Indië nóg een wereld ontsloten, die van de schoonheid van de klassieken. Zijn school, het gymnasium Willem III, bleek behalve seksuele verleidingen nog meer verrassingen in petto te hebben. Couperus in 1910: 'Een grote emotie op school was mij, toen ons de mythologie werd geleerd. Om niets wat mij geleerd werd, heb ik zo een verrukte emotie gekend, als toen de Olymp voor mij open ging en ik al die goden zag en godinnen. Ik vond het iets heerlijks, luisterde aandachtig toe, schreef alles op, was in een koorts om al die plotse schoonheid.'

Er is nog een feuilleton dat veel zegt over die tweespalt in Couperus, de diametraal tegengestelde werelden van angst en schoonheid, die zich in Indië aan hem openbaarden. Hij schreef het in de week na 'Toen ik een kleine jongen was...' en het werd gepubliceerd op 15 oktober 1910. De titel is 'Kindersouvenirs'.

Opnieuw is de Indische jeugd het onderwerp, die van hemzelf en van zijn vrouw Elisabeth: 'Wij zijn neef en nicht en hebben elkaar als kinderen gekend: wij hebben met elkaar gespeeld, wij hebben met elkaar gedanst op kinderbals.' Couperus beschrijft hoe hij en Elisabeth in hun huis in het zuiden (Nice) binnen zitten, terwijl buiten een hevige mistral waait. Het is weer om dicht bij het vuur te zitten, schrijft hij. Tegen Elisabeth zegt hij, enigszins literair geforceerd: 'Met zulk weer, op dit uur, denk ik altijd aan mijn kinderjaren terug...' Ik ook, laat Couperus zijn vrouw antwoorden. Vertel mij van Deli, vraagt hij haar en dan volgt een lange monoloog waarin Elisabeth vertelt van haar kinderjaren op een tabaksplantage in Deli op Sumatra, waar haar vader administrateur was.

Het is pure horror.

'Papa had een groot huis laten bouwen, hoog op palen, van hout – de andere huizen waren van bamboe, en het huis stond op een soort landtong in de rivier, met water aan alle kanten. Daar om heen de schuren, dan de velden, en rondom ons het woud, de geheimzinnigheid, de verlatenheid... Ook al was het druk om ons: de opzichters, de oppassers, driehonderd koelie's... Tussen die driehonderd koelie's waren wij, enkele Europeanen, verlaten... Dichtbij, aan de rivier, woonde een zonderling, een Fransman, een explorateur, in een klein huisje, héel alleen, en tussen ons huis en het zijne was een klein kerkhof: daar was zijn vrouw begraven, en daar is mijn broertje begraven... Zo vreemd stil somber, dat kleine kerkhof, zo vlak bij... In het woud, diep, diep in, hadden de Bataks zich teruggetrokken... Het was wel gepacificeerd, zoals het heette, maar telkens stonden zij op, de Bataks, tegen de Kompenie, die hun hun landen had afgenomen, en dan ondernamen zij roof- en moordtochten... Telkens werden er moorden gepleegd, gruweldaden, in de omtrek... Je wende eraan, aan de verschrikkingen... ik leefde tussen de verschrikkingen... Stel je voor: wij alleen, tussen driehonderd koelie's... Als ze eens oproer hadden gemaakt! Trouwens, van ondernemingen in de buurt hoorde je telkens de gruwelijkste berichten... Diè was vermoord met vrouw en kinderen; diè was gemarteld, op een afschuwelijke manier... Een kwartier rijden van ons af was het kampement: een kapitein, twee luitenants, een handjevol soldaten... En daar achter het woud, met het altijd dreigende gevaar... Onder ons huis, tussen de palen, waarop het voor het vocht was gebouwd, was... een gevangenis. Soms werd er een onwillige koelie daar voor een nacht opgesloten. Dan hoorde ik hem beneden mij vloeken, gillen, schreeuwen, stampen, trappen... ik rilde van de angst in mijn bedje.'

De gelijkenis met de sfeer die Couperus in 'De angst' beschrijft is groot. De jeugd van de kleine Elisabeth lijkt een gruwelijker versie van zijn eigen nachtmerries: geheimzinnigheid, verlatenheid, het ondoordringbare woud dat allerlei bloederige gruwelen in zich verborgen houdt – de Bataks stonden bekend als kannibalen – een niet aflatende, onzichtbare dreiging. En altijd en overal de angst.

Het is Couperus die zijn vrouw haar verhaal laat vertellen en het draagt zijn stempel, niet alleen wat stijl betreft.

En daar is de badkamer:

'Ik was een tenger kindje, maar ik kreeg een Spartaanse opvoeding. Vijf minuten zeker van het huis was de badkamer, groot, van bamboe, bij de rivier. Ik vond diè al onveilig, zo ver, zo in het gezicht van het dreigende gevaar. En omdat ik ook heel bang was voor het donker, zei papa dan soms, in de avond:

– Kleine... ik geloof, dat ik mijn sigarenkoker in de badkamer heb laten liggen; ga hem eens halen...

Dan ging ik, met een kloppend hart. Door de zwarte tuin, opzij de donkerende velden, naar die somberende rivier, naar de badkamer... ik dacht de witte pontianaks te zien spoken, met haar bloedende borsten en losse haren, over het water en tussen de zwarte bomen. En rillende bracht ik papa zijn sigarenkoker terug, die hij expres daar had vergeten.'

Er volgen nog meer verschrikkingen, losgebroken paarden, krijsende tijgers om het huis. Elisabeth besluit haar relaas met de veelzeggende mededeling dat zij weliswaar bang was, maar dat ze die drie jaren in Deli toch ook 'interessant' vond. 'Toen wij later op Buitenzorg woonden, vond ik het leven bleek, en zonder belang, en zonder emotie.'

Is het werkelijk onderdeel van een spartaanse opvoeding om een klein meisje dat bang voor het donker is, er 's avonds alleen op uit te sturen om een sigarenkoker te halen, die haar vader *expres* heeft laten liggen? In een gebied waar voortdurend gevaar dreigde, waar gruwelijke moorden werden gepleegd en hongerige tijgers rondliepen? Óf de vader van Elisabeth had een sadistische inslag óf Couperus projecteert hier een versie van zijn eigen kinderangsten ('Neem uw tweede bad toch niet zo laat...') op de herinneringen van Elisabeth. Veel Hollandse kinderen in

Indië zullen bang zijn geweest voor de badkamer, maar de manier waarop Couperus er in zijn werk steeds op terugkomt, de tastbare vorm waarin zijn persoonlijke gevoel van onveiligheid gestalte krijgt, laat het kind in de badkamer uitgroeien tot een symbool van beklemming.

In 'Kindersouvenirs' gebruikt Couperus de herinneringen van Elisabeth als literaire strategie – hij laat er zijn eigen jeugdherinneringen op volgen, die nu ineens niets met angst te maken hebben. De jeugd van Elisabeth is hier zuiver verschrikking, in zijn eigen herinneringen treedt hij binnen in het weldadige rijk van de verbeelding:

'Ik heb niet zulke romantische kindersouvenirs,' begint hij zijn eigen verhaal. 'Nee, mijn kinderjaren waren meer gekoesterd: ik was mama's bedorven kindje [...] maar toch, soms herinner ik me in éens... Zo herinner ik mij dit: wij waren in Indië, ik toen een kind van negen jaar. En ik ging met mama naar de oude stad, naar een Chinese meubelmaker; een schrijnwerker, die heel knap was, die beeldhouwde, en antieke meubelen, zo als je soms in de kampong vindt, verzamelde, verkocht en namaakte. Hij maakte heel mooi snijwerk: ik herinner me nog, hoe mooi ik het vond, al was ik ook maar een kind. Welnu, ik ging met mama naar hem toe, om antieke stoelen te kiezen... Hij ontving mama heel beleefd, zo als een Chinese koopman doet, met buigingen en veel vleiende woorden. Maar plotseling, toen hij mij zag, schrikte hij even, als of iets hem trof, en boog toen heel diep voor mij, drie- viermalen, en hij riep zijn vrouw en zijn zonen, en zij bogen allen heel diep voor mij, met vleiende woorden en gebaren van diepe eerbied. Ik zal het nooit vergeten... Ik was een kind van negen jaar, en die buigende Chinezen maakten op mij een heel diepe indruk...'

Waarom buigen de Chinezen? Het kind Couperus blijkt uitverkoren. Op zijn voorhoofd heeft hij een tweede, kleine kruin, wat volgens de schrijnwerker betekent dat hij een 'grote ziel' heeft. De moeder van Couperus, 'een lieve, eenvoudige vrouw', protesteert en waarschuwt dat de woorden van de Chinees haar kind hoogmoedig zullen maken.

De schrijnwerker antwoordt dat ze hem waarschijnlijk verkeerd begrijpt: dat de jongen een grote ziel heeft, betekent alleen dat hij zeer gevoelig is voor de wereld om hem heen. 'Daarmee bedoel ik, dat de kleine meneer gelukkig zal worden in het leven, dat hem wacht, omdat zijn ziel "groot" zal zijn en zal zien rond hem heen, en al het mooís zal zien wat er is op de wereld en in de mens. De "grote zielen" die dat zo zien, zijn de dichters en de kunstenaars: zij bootsen de natuur en het leven na, en die nabootsingen zijn hun geluk. Hun zielen zijn "groot", omdat zij veel zien en veel begrijpen, en op hun beurt veel geven van wat zij ontvangen, want de "grote zielen" zijn mild. En omdat zij ontvangen en geven, en zien en bewonderen en nabootsen, zijn zij gelukkig, is hun leven gelukkiger dan van vele andere mensen: zij zijn de gezegenden van de goden, en de goden hebben hen lief...'

Couperus is verguld; zijn moeder fronst het voorhoofd. Terwijl zij verder praat met de Chinees over de meubelen, loopt de jonge Couperus naar achteren in de winkel, waar een altaar voor de goden staat. 'En ik zag op, naar de grote, heilige Chinese plaat: de plaat van de goden, die mij zegenen zouden en lief zouden hebben. Het waren twee goden: de ene was goedig dik, glimlachend, blank, roze, in prachtig gouden gewaad, met, om de lippen, lange hangsnorren...

'De andere, achter hem deinzend, kronkelde inéen, en grijnsde, verschrikkelijk, met bloed doorschoten ogen, zwart en scharlaken rood van gelaat en van haren en baard, en hij strekte klauwende vingers uit, met scherpe, heel lange nagels...'

Twee goden: de een goedmoedig, de ander verschrikkelijk. Maar de jonge Couperus, schrijft de oude Couperus, is niet bang voor de bloeddorstige god die zijn lange nagels naar hem uitstrekt. Hij vindt hem eerder koddig, hij kan het jongetje niks doen – het kind is immers uitverkoren, het heeft een grote ziel, is kunstenaar?

De profetie van de schrijnwerker is uitgekomen, besluit Couperus zijn 'Kindersouvenirs'. Hoewel hij zichzelf nederig telt onder de 'kleine zielen', heeft hij toch het geluk gevonden, omdat hij als schrijver oog heeft voor 'ál het moois van de mens, de wereld en het leven...'

Het is een veelzeggende opvatting van het schrijverschap. Alleen door de bezwering van de kunst kan hij zonder angst naar de boze Chinese god kijken, hoeft hij niet bang te zijn door zijn klauwen verscheurd te worden. De dreiging, de angst, het bange, naakte kind in de donkere badkamer – in 'Kindersouvenirs' is die angst wel aanwezig, maar als het ware gedomesticeerd, buiten Couperus zelf geplaatst, in de kinderjaren van zijn vrouw. De verbeelding maakt de verschrikking onschadelijk.

Couperus heeft gelijk: de schrijver in hem werd in Indië geboren. Maar hij vergist zich wanneer hij zijn schutspatroon kiest, een vergissing die veel zegt over zijn latere ontwikkeling. Niet de beminnelijke, glimlachende god heeft hem gemaakt tot de schrijver van *De stille kracht*, die fabelachtige vertelling over verloren mensen in een vijandig landschap. De Hollandse personages in Laboewangi zijn 'kleine zielen' – ze zitten vast in hun eigen wereld, hun blik is pijnlijk nauw: de resident kan de wereld alleen zien vanuit zijn hooggestemde opvattingen en zijn rationalisme, zijn vrouw Léonie zit opgesloten in haar erotische obsessies, Eva Eldersma is vastbesloten Indië als een kunstwerk te zien. Kortom: macht, seks, kunst. En wat voor de westerlingen in Laboewangi geldt, geldt voor de Nederlanders in Indië – en voor de rest van de mensheid. Voor hen is hun verbeelding een gevangenis, omdat ieder inlevingsvermogen ontbreekt.

Eva, het personage dat volgens mij het dichtst bij Couperus zelf staat, is de enige die dieper kijkt: 'Eigenlijk is het leven toch één zelfbedrog, één dwalen in illusie, dacht zij droef, melancholiek. Een groot doel, een werelddoel of een klein doel voor zichzelf, voor zijn eigen lijf en ziel. O God, wat is alles weinig! En wat dwalen wij rond, zonder iets te weten. En elk zoekt zijn eigen doeletje, zijn illusie.'

Maar dat inzicht is niet bevrijdend voor haar; ze belandt in een diepe depressie, waarin de zinloosheid van alles zich aan haar opdringt: 'Waarvoor alles; waarvoor de wereld en de mensen en de bergen; waarom al dat kleine dwarrelen van leven?'

In de badkamer wacht de boze god.

Hogere onbewustheid

Later wachtte Couperus nog een andere god – die van de wellust en vreugde, van het lichaam en het natuurlijke leven: Dionyzos – maar die hield zich op in Italië, het land dat na 1900 gaandeweg zijn tweede (of, daar leek het een tijdje op, zijn nieuwe) vaderland zou worden.

De jaren 1900-1910 zijn Couperus' wonderjaren; jaren van een onvoorstelbare literaire productie met een verbluffende verscheidenheid. De meesterwerken volgden elkaar op: na *De stille kracht* de vier *Boeken der kleine zielen*, en daarna *De berg van licht* en *Van oude menschen, de dingen die voorbij gaan...* en later, toen hij het genre van de roman tijdelijk vaarwel had gezegd, zijn bundel *Korte arabesken*, waarin hij zijn lezers een nieuw, verrassend, oorspronkelijk personage presenteerde: Louis Couperus. Daartussendoor minder werk, soms technisch adembenemend zoals het filmisch geschreven (toen er welbeschouwd nog helemaal niet filmisch geschreven kon worden) *Babel*, soms hoogdravend, zoals het stilistisch ontspoorde *Aan den weg der vreugde* (1908).

Tegelijk verschoof er veel in zijn leven. Nederland leek hij voorgoed achter zich te laten, en daarmee Den Haag – en daarmee ook de sociale context voor zijn romans. Dat de roman als genre hem steeds minder aantrok, had maar voor een deel met de afnemende vraag van zijn lezers te maken. Het blijft weliswaar treurig om in zijn brieven aan Veen te lezen hoe moeilijk hij het had met het feit dat zijn beste boeken slecht verkochten (terwijl het onvolkomen *Majesteit* een seller was geweest), maar er was in hem ook een groeiende onvrede met het genre zelf.

Deels had dat te maken met zijn gezochte onthechting. In Frankrijk en Italië was hij een eenling; het zuiden was zo aantrekkelijk voor hem omdat hij niet of nauwelijks geconfronteerd werd met het maatschappelijke leven, waarin zijn Haagse en Indische personages zo diep zijn ingebed. Hij had de afstand gezocht, uit noodzaak, maar de afstand maakte het schrijven van sociale romans ook steeds moeilijker.

Aan den weg der vreugde, snel geschreven in een hotelkamer in Bagni di Lucca, de plaats waar de roman zich ook afspeelt, gaat over twee mensen die buiten de maatschappij willen staan – Emilie en Aldo dromen van een afgelegen huisje, waar zij aan zichzelf genoeg zullen hebben. Dat die droom een illusie is, komt doordat hun karakters onverenigbaar zijn, niet zozeer door maatschappelijke krachten van buitenaf.

Dat verlangen naar een leven buiten de samenleving keert steeds opnieuw terug. Resident Van Oudijck woont aan het eind van *De stille kracht* in een klein huisje in de natuur van Java, samen met een inlandse vrouw en een trits kinderen. Hij is maatschappelijk gezien een gebroken man, maar dat wil niet zeggen dat hij diep ongelukkig is: 'En nu ben ik hier, en nu blijf ik maar hier. En weet u, wat het vreemde is? Hier heb ik mijn huiselijke kring... misschien eindelijk gevonden...'

Zowel in *De boeken der kleine zielen* als in *Van oude mensen* staat vertrek naar het zuiden gelijk aan het losmaken van de knellende maatschappelijke banden, zodat niet-conventionele relaties kunnen bloeien. In de *Kleine zielen* valt een familie met veel maatschappelijk aanzien uiteen, maar die ondergang is, in tegenstelling tot wat vaak wordt beweerd, niet enkel tragisch, niet enkel een panorama van decadentie, verval en ondergang. In het laatste deel, *Het heilige weten*, hebben de overlevenden van alle familiedrama's een nieuwe, niet door Haagse conventies afgedwongen gemeenschap gevormd in Driebergen. Wie zich – meestal noodgedwongen – losmaakt van het steriele, lege maatschappelijke leven, wacht niet enkel deceptie en tragiek, maar ook spiritueel zelfinzicht en een weldadig soort sympathie met zijn medemensen, getemperd door berusting.

In het Den Haag van Couperus is echter alles onecht. Het staketsel van werelds machtsvertoon blijkt, voor wie iets beter kijkt, hol en wankel. Aan het begin van *De boeken der kleine zielen* keert Constance van der Welcke terug naar Den Haag, na jarenlang in sociale ballingschap geleefd te hebben, vanwege het schandaal van overspel en een scheiding. Zij is uit haar kleine, veilige sociale wereld gestoten, maar na al die jaren denkt ze dat haar straf erop zit; ze verlangt er erg naar weer deel uit te maken van het hogere Haagse milieu waar ze zelf volledig het product van is. Ze kijkt op tegen haar vader, een oud-gouverneur-generaal van Indië. Hij is gestorven, een dood die bespoedigd werd door het schandalige gedrag van zijn dochter, die scheidde van een van zijn oudste vrienden. Wanneer Constance voor het eerst weer de wekelijkse familieavond van haar moeder bezoekt, gaat ze op zoek naar het portret van haar vader, dat als kind zoveel indruk op haar heeft gemaakt:

'Zij keek op naar het grote portret... Het was geen werk van kunst, gedaan in de onpersoonlijke, officiële portrettenstijl van dertig, veertig jaar geleden, en het trof Constance als een onaangename croûte [leerlaag], donker, vlakkerig, niettegenstaande al dat goud van het gouverneur-generaalskostuum, al de plakkaten der ridderorden. Het portret was van een gebiedende, grote man, met een hard gezicht en donkere zwart strakke ogen.

"Vroeger... vond ik het portret veel mooier..." zei Constance. "Was papa zo hard...?"'

Het schilderij blijkt meer inbeelding dan verbeelding. Achter de stijve façade van het staatsieportret gaat een pijnlijke werkelijkheid schuil. 'Ook papa ademde in dat element van grootheid: een man van grote staatkundige bekwaamheid – als zij meende – nooit hebbende ingezien, dat papa alleen was hoog gekomen door tact, door halfheid, door een vaagheid van gedistingeerd politieke overtuiging, die zich wendde en zich tintte met al die halve wendingen en halftinten die op dat ogenblik het tactvolst waren; door welopgevoedheid; een welsprekendheid van weinig zeggende, mooi vloeiende zinnen vol gangbare, gewichtige banaliteit; door zijn glimlach, zijn neerbuigendheid; zijn minzaamheid; zijn prestige.'

Let wel, het is niet Constance die hier zo'n dodelijke blik op haar vader werpt – het is Couperus. Constance blijft hem als groot man zien, nog altijd in de ban van de wereldse glans van haar voorname milieu. Pas langzaam leert zij de fatale beperkingen zien van het wereldje waarin zij zo graag wil terugkeren; haar uitstoting ziet zij lang als een ballingschap, in plaats van een opening naar een rijker, bewuster leven.

Haar ongetrouwde broer Paul, een van de intelligente zelfkarikaturen van Couperus, beschikt wel van begin af aan over een genadeloze blik, een onthutsende illusieloosheid, die aan walging grenst:

'Ik hou zo van mooie mensen en je ziet er zo weinig... Kijk eens door de zaal heen, allemaal lelijke mensen: de een loopt scheef, de ander is krom, die geeft een vooruitstekende boezem, die een dikke buik. Ik kan niet tegen lichaamsdelen, die proemineren: het maakt me ziek ernaar te kijken... Ja, eigenlijk zijn alle mensen lelijk.'

Pauls walging is niet alleen esthetisch; hij werpt ook een nietsontziende blik op het menselijk verkeer in zijn eigen kring. Daaruit is iedere spontaniteit verdwenen. Tegen Constance: 'Kijk die gezichten. Niemand die natuurlijk opgewekt is. Natuur, natuur, Cony, dat is weg, totaal weg, bij mensen zoals wij. Er is geen gebaar, geen woord, en zelfs geen gedachte bij ons, die natuurlijk is. Alles is aanstellerij en voor-de-gek-houderij, van de een van de ander, en niemand loopt erin. Het is toch een misselijke boel, zo een maatschappij als de onze, zo van nette mensen. Zou je nu eigenlijk niet kunnen begrijpen, dat een anarchist daar met plezier een bom in zou gooien, bijvoorbeeld tegen de buik van oom Ruyvenaer.'

Den Haag is hol en gemaakt – en opgepoetst lelijk als het portret van de oude Van Lowe. Maar wie alleen maar doorziet, zoals Paul, wordt uiteindelijk net zo steriel als de wereld waar hij doorheen kijkt. Hijzelf is zich daarvan bewust: 'Ik kijk te veel door alles heen.'

Het is Constance, aanvankelijk ijdel, oppervlakkig, die door haar liefde voor de getourmenteerde Brauws werkelijk oog krijgt voor andere mensen. Ze leert niet alleen dieper kijken, maar ook voelen; voor het eerst in haar leven heeft ze het gevoel dat ze werkelijk leeft. Haar broer blijft, net als Lot in *Van oude mensen*, gevangen in zijn eigen intelligentie, zijn rol van krachteloos beschouwer.

Dat overbewustzijn is precies waar Couperus zichzelf in Italië van probeerde te bevrijden. Nadat hij de vierdelige romancyclus *De boeken der kleine zielen* had voltooid, schreef hij de gedichten van de *Dionyzos-studiën*, die hij later vooraf liet gaan aan zijn eerste 'mythologische roman' *Dionyzos*.

Die gedichten, ik citeerde er eerder uit, zijn allesbehalve goede poëzie, maar ze hebben de kracht van een bekering – en ook van een bezwering, want zelfs in zijn overgave aan het zuidelijke levensgevoel blijft het noordelijke bewustzijn hardnekkig de kop opsteken. Dwalend door de zalen van de Romeinse musea probeert Couperus zijn noordelijke ziel af te zweren, die hij letterlijk associeert met de wereld van *Noodlot* en *De boeken der kleine zielen*.

Schoonheid en natuurlijkheid staan ineens niet langer los van het dagelijkse, grauwe bestaan, ze zijn hier één, gepersonifieerd in het beeld van de druivengod Dionyzos: 'Mijn Dionyzos, die ik al zo innig / Zie voor mijn zuidelijke ziel, o zeg, / Moet ik nog wachten, voor ik om u leg / Mijn beide handen, u omvat beminnig, / En geef mijzelven aan uzelven weg?'

De overgave die gezocht wordt, gemaniëreerd als die wordt verwoord, is zinnelijk en freudiaans seksueel: 'Ik wil geheel u in mij voelen trillen, / Mij voelen zo in u, of samen willen / We ons beider ziel aan éne dronk verspillen; / Bezit ik u, bezit gij mij zo vast, / Dat ik uw gast ben, gij mij wordt tot gast, / Dan zeg ik zúidlijk hoe uw wijnstok wast!'

De 'mythologische' roman die volgt is al even euforisch – met veel 'zon en vreugde' zoals Couperus het zelf uitdrukte in een brief aan zijn uitgever Veen: '... na de donkere luchten der Kleine Zielen. De lucht van Italië en de beelden van Rome doen dat voor een tijdje.' Zijn Elisabeth houdt van het boek 'omdat er *geen* psychologie in voorkomt'.

Zijn 'bekering' tot het zuiden is een bekering tot een spontaan leven, waarin geen plaats is voor psychologie, waar het denken het liefst helemaal wordt opgeheven. Alles wat vormt en dwingt, wat insnoert en klemt, kan worden losgelaten. De schrijver van de Dionyzos-gedichten wil zichzelf 'weggeven'.

Het vraagteken is nog maar heel flauw zichtbaar.

Alle grenzen worden opgeheven: die tussen de sociale klassen, tussen heden en verleden, tussen tastbare werkelijkheid en eeuwige schoonheid, tussen verlangen en bevrediging, tussen moment en eeuwigheid, binnen- en buitenwereld.

Maar die bekering is niet een en al spontaniteit, zoals die artificiële gedichten al aangeven. Het idee van Schoonheid was voor Couperus ook een soort van vierde dimensie van het menselijk bestaan, een domein dat hem een schuilplaats leek te bieden voor het altijd dreigende vraagteken, voor de vluchtige en tragische chaos van een betekenisloos leven, zoals de goden van de Olympus hem als jongetje op het gymnasium te Batavia hadden getroost.

Het is de Couperus die ik niet kan volgen – de zinnelijke wel, de man die in staat is de schoonheid in het moment te zien, maar het is mij onmogelijk 'troost' te ontlenen aan het verleden en de eeuwige schoonheid van antieke beelden en schilderingen. Kunst maakt voor mij, zoals Henry James zei, inderdaad het leven. Zonder ons vermogen tot verbeelding zouden we ons helemaal geen beeld van onszelf en de wereld kunnen maken. In die zin is kunst maatschappelijk van minstens zulk groot belang als onderwijs en zorg. Maar artistieke schoonheid als verlossing, als een spirituele kracht die een ideale staat bewerkstelligt, waardoor het leven wordt opgetild naar een hoger plan, die emotie mis ik.

In later werk streefde Couperus er vaak naar die schoonheid in woorden gestalte te geven, voelbaar te maken voor zijn lezers, de zuivere, eeuwige schoonheid die hij meende te zien in een beeld als de Eros van Praxiteles. De harmonieuze, levensbevestigende, zinnelijke schoonheid die zich ophield in de klassieke wereld was voor hem realiteit, een andere wereld die deze, aardse wereld draaglijk maakte.

Veelzeggend is zijn teleurstelling wanneer hij in een reeks beschouwingen over de Spaanse schilder Velasquez, die hij bewondert, moet constateren dat de schilder weliswaar een ontroerende realist is, maar dat helaas ook blijft wanneer hij taferelen uit de antieke mythologie verbeeldt. De schilder zet niet de stap die de schrijver zo vaak wel zette. Couperus vindt dat jammer, hij begrijpt het ook niet zo goed van zo'n groot kunstenaar: 'Klaarblijkelijk had Velasquez in Rome, trots de aanschouwing der antieke marmers, trots de antieke atmosfeer der Villa Medici, waar hij werkte en wier landschap hij een paar keren in poëtische kleuren wist weer te geven, niet tot zich voelen door dringen de bekoring der antieke goden en miste hij de aandoening om hun schoonheid, waarheid en werkelijk bestaan, bleef hij ze als mythefiguren beschouwen, die hij nu eens dacht uit te beelden in een half komische, ietwat sober humoristische manier, die hun verhevenheid geen glans van goddelijkheid leent: zijn de onsterfelijke smid en zijn gezellen niet meer dan allergewoonste werklui gebleven, Apollo is nòg minder geworden om wat de vermomming gelijkt van een allergewoonste jongen met lauwerkrans, aureool en gelige draperie: zo iets als een minderwaardig acteur, die voor zonnegod spelen zou.'

Hier laat Couperus zichzelf zien. Hij is de scherpzinnige realist, die geniet van de door en door menselijke manier waarop Velasquez' *Borrachos* een maskerade laat zien van dronken boeren die een mooie jongen – 'een prachtige, forse en mollige, rustieke knaap met jolig, lieflijk gelaat' – tot de god Bacchus kronen. Maar hij schrikt wanneer Velasquez mythologische figuren met dezelfde realistische blik bekijkt – die geïdealiseerde wereld, de wereld van het verleden, van de antieke schoonheid, vertegenwoordigden voor hem een hogere werkelijkheid, die een 'glans van goddelijkheid' bezit.

In Italië dacht Couperus gevonden te hebben wat hij in Indië miste – een constante aanspraak op zijn verbeeldingskracht en fantasie, een harmonie tussen mens en natuur, een levend verleden. Het liefst zag hij dat in oude stadjes als Siena hem niets aan het heden herinnerde, zodat hij zich moeiteloos in het verleden kon wanen. Zoals het Licht van de theosofen hem had aangetrokken als het absolute, waar hij al in *Metamorfoze* over schreef, zo waren het later de schoonheid van de antieken en het verleden die hem blijvend houvast moesten geven.

Veel van Couperus' rapsodieën over deze zaken doen nu gezwollen of onbegrijpelijk aan, ook omdat je voelt dat hij bezig is zijn ware talent te ontkennen: hij aanbidt de verkeerde Chinese god, die god die alleen het mooie wil zien. Waar anderen een sprong naar het onvoorwaardelijke religieus geloof maken, die door buitenstaanders niet gevolgd kan worden, verloor Couperus zich in onnavolgbare dweepzucht, een oneindig stapelen van woorden om iets tastbaar te maken dat uiteindelijk in de lucht blijft hangen. Het proza waarin hij zijn eigen draai geeft aan de theosofie is nagenoeg onleesbaar, zijn gedweep met schoonheid vaak onwezenlijk, zijn teleurstelling over alles wat een directe beleving van het verleden in de weg zit ergerlijk. Waar is de Couperus die zijn personages zonder omhaal plaatste in een Haagse nieuwbouwwijk, zoals in *De boeken der kleine zielen*?

Het geloof in de tastbaarheid van alle drie de begrippen – licht, schoonheid, verleden – lijken Couperus weg te voeren van wat hem tot zo'n goede schrijver maakt, weg van zijn formidabele inzicht in het onvermogen van mensen om aan zichzelf te ontstijgen, blijvend te ontsnappen aan wat hen gevangenen van zichzelf maakt.

Maar de drang van Couperus om iets te omarmen dat de dagelijkse werkelijkheid ver achter zich laat, zijn verbale gedweep, maakt onlosmakelijk deel uit van zijn schrijverschap. Je kunt het vergelijken met het onbegrijpelijk geloof in het panslavisme van Dostojevski, een schrijver met een haarscherp gevoel voor het gevaar van iedere vorm van ideologie. Zulk blind geloof, ogenschijnlijk in tegenspraak met alles wat de schrijver instinctief aanvoelt, werkt denk ik als een soort ventiel, een ontlading van een te veel door alles heen kijken, het hevig gewilde inlossen van een onmogelijke wensdroom, tegen beter weten in.

Licht als antwoord op duisternis, eeuwige schoonheid als weermiddel tegen lelijkheid van de bestaande wereld, het geordende verleden tegenover het chaotische heden, de goden van de Olympus op het gymnasium Willem III als tegenwicht tegen de duistere badkamer; al vanaf het allereerste begin waren er die twee kanten aan Couperus' schrijverschap, de onverbeterlijke drang om de dingen mooier te maken dan ze waren, plotseling afgewisseld door een nietsontziende blik op mensen die zich verliezen in onhoudbare illusies, loze ambities, onbereikbare liefdes, kleinzielige jaloezie. Mensen die, wanneer ze uit hun kleine, vaste, veilige kring losraken, meestal hopeloos verloren zijn – zoals resident Van Oudijck, die zijn wereld ziet verkruimelen zonder dat hij begrijpt waarom.

Alleen wanneer je dat inziet, kun je begrijpen hoe Couperus als beginnend schrijver zo radicaal switchte van de dweperige, lege woordkunst van zijn eerste poëzie, naar de neurotische, genadeloos geobserveerde wereld van *Eline Vere*.

En later weer zo vaak terugschakelde naar ongenietbaar kunstproza. Dat proza, dat nu nauwelijks meer gelezen wordt, was dan ook meestal een vorm van afreageren, omdat hij in een realistische roman daarvoor juist te diep in de complexe, schrijnende werkelijkheid had gekeken. Uit een brief, geschreven tijdens de moordende arbeid aan *De boeken der kleine zielen*: 'Als de serie af is, om te verstrooien van die daagsheid der kleine Zielen, ga ik iets heel anders schrijven, me baden in de symboliek en me dompelen in schittering van stijl!! Het boek zal heten: *De Zonen der Zon* maar vertel er nog maar niets van.'

Maar in het zonlicht van het zuiden vervaagt ook de grens tussen feit en fictie, wat het werk van Couperus toch ook weer een vitale wending geeft: in zijn feuilletons, die hij vanaf het einde van dat decennium tot aan zijn dood zal schrijven, laat Couperus de fictie diep doordringen in de werkelijkheid, meestal met zichzelf als half-reëel, half verzonnen middelpunt.

Alles lijkt vanzelf in elkaar over te lopen. Je hoeft niet langer na te denken, te tobben, af te dwingen, de schijn op te houden. Den Haag is ver weg. Je hoeft je alleen maar over te geven aan een onbewust leven. Wat voorheen slechts ver boven de werkelijkheid leek te zweven – het Licht, het Absolute, Nirwana – kan nu ook gewoon in het heden ervaren worden, tijdens midzomerloomtes, starend naar cipressen, koffiedrinkend bij Gilli, uitkijkend over de Middellandse Zee, wandelend in een museumgalerij.

De metamorfose hoeft ook niet meer dwangmatig in fictie gezocht te worden – de persoonlijkheid van Couperus kan *zichzelf* in de feuilletons eindeloos transformeren. Hij is los van alle banden, hij kan zijn wie hij wil – hij kan zich vrijuit in de onderwereld van Nice begeven, hij hoeft nauwelijks meer op visite, hij kan schrijven zonder auteur te zijn, bevrijd van coterie en slangenkuil en huiskamer. Hij is, kortom, in alle opzichten bevrijd. Het levert zijn intiemste, ontroerendste werk op.

Ook andere dromen zijn plotseling veel dichter bij de werkelijkheid. In zijn feuilleton 'Romantisch avontuur' (1910, opgenomen in *Korte arabesken*) beschrijft Couperus hoe hij op een avond alleen in Napels verzeild raakt (hij moet de volgende dag zijn zuster van de boot uit Indië ophalen). Hij wordt aangesproken door een vreemde, die hem vraagt of hij een 'Pompeiiaanse' orgie wil bijwonen. Couperus wimpelt hem af, niet omdat hij geen orgie wil, maar omdat hij vermoedt dat het teleurstellend gaat worden: 'Ik ken dat. Ik heb dat gezien. Een heel lelijke komedie, zonder enige antieke schoonheid: een vuile troep van lelijke jongens, en een blérende geit erbij. En dat moet dan een antieke orgie verbeelden.'

Die blèrende geit, dat verzin je niet. Ondanks zijn scepsis laat Couperus zich toch overhalen om mee te gaan voor een orgie en vanzelfsprekend loopt het uit de hand – er is helemaal geen orgie, hij wordt vastgehouden door een aantal louche figuren, die van plan zijn hem te chanteren. Het loopt af met een sisser – een van de boeven, een leuke jongen die Couperus herkent van een paar jaar ervoor en die toen door de schrijver werd geholpen, bepleit met succes zijn vrijlating.

De anekdote doet verzonnen aan, de setting niet. Couperus was echt in Napels om zijn zuster van de boot te halen, en waarschijnlijk heeft hij ook een romantisch avontuur beleefd, alleen niet dat wat hij beschrijft. Misschien heeft hij die avond toch gewoon een troep lelijke jongens met een geit gezien.

Het verlangen naar de ongeremde, werkelijk meeslepende orgie komt ook terug in de aanzet tot een roman die Couperus nooit afmaakte. De titel luidt veelzeggend 'De hoogere onbewustheid' (1908) en het is zowel de laatste roman van Couperus' wonderjaren alsook de laatste roman die zich in het heden afspeelt (de latere, onhandig geschreven aanzet *Zijn aangenomen zoon* uitgezonderd).

In het fragment van deze roman in dagboekvorm zijn we ver weg van Den Haag: de ik-persoon is een stoere, vrije jongen in Nice, die na de dood van zijn vader heen en weer wordt geslingerd tussen een verlangen naar de totale ongebondenheid en de totale depressie – 'Misschien breng ik mijn blauw pak naar de lombard en koop een revolver en schiet mij dood... Eigenlijk ben ik er beu van...Ik leef voor niemand en niemand leeft voor mij... De wereld heeft niets aan mij, en ik heb niets aan de wereld.'

Hij krijgt een vriendinnetje, een hoer, en wordt haar pooier. Maar wanneer hij, verstopt in een kast, de portemonnee van een van haar klanten steelt terwijl die met haar bezig is, wordt hij overvallen door zelfwalging. Hij wil van niets en niemand afhankelijk zijn. Het liefst loopt hij de hele dag door de straten van Nice – 'de stad heeft iets louche's, iets vreemds van afwachtende perversiteit, iets licht satanisch'. Hij voelt zich thuis tussen het schuim, is gefascineerd door de onderhuidse sfeer van seks en geweld.

Op een bankje op de Boulevard des Anglais wordt hij benaderd door dubieuze types. Er gaat een man naast hem zitten: 'Zijn schuin glurende blik spelt niets goeds. Hij overweegt of hij me straks volgen zal. Hij ziet of ik een gouden horloge heb.' Daarna volgt belangstelling van een ander soort: 'Soms is het een heel jong mens met mooie, zwarte, Italiaanse haren, een matbleke tint, aardige, schalkse ogen; hij kijkt mij met een schuin lachje aan en likt als een nerveus poesje zich de lippen af met een puntige tong. Als ik impassible blijf, vraagt hij mij bruusk om vuur voor een sigaret, en prent vooral diep zijn blik in mijn blik.'

Wanneer de ik-persoon geen sjoege geeft, druipt de jongen af, 'met een onderdrukt: "Merde!"'

Later zoekt hij ruzie in een bar met een souteneur, opnieuw een meisjesachtige Italiaan, of wellicht dezelfde, die hij tegen de grond werkt en bijna wurgt: 'Ik zag rood, ik smakte van wellust, ik had een moord kunnen doen, uit plezier, uit louter satanisch plezier.' Vlak daarna komt hij hem weer tegen: 'Zijn ogen blijven in de mijne branden, vreemd en pervers... Ik hou van die types, van hun perversiteit en van àl wat zij in hun feline zielen bedekken of maar even laten uitschitteren... Ik was volstrekt niet meer in een vechtbui, en de kerel amuseerde me: ze boeien me meer, die types, dan de dikbuikige bourgeois satisfait, met zijn al te goed gevoed winkelierstype. Ik voel me aan die types verwant en niet aan winkeliers en bourgeois.'

Hier lijkt het perspectief verschoven van personage naar auteur, want de ik-persoon behoort zelf zo'n beetje tot de klasse waarmee hij zegt zich verwant te voelen. Dat hij minder opheeft met winkeliers en bourgeois is voor hem niet zo verrassend, voor iemand uit de klasse waartoe Couperus behoorde wel.

Te veel projectie, te weinig inleving, waarschijnlijk is dat de reden dat hij de roman niet heeft afgemaakt. Couperus had de onderwereld van Nice zeker verkend, maar kende hem niet zoals hij Den Haag kende of zelfs de kleine wereld van Pasoeroean.

Eenzelfde verwarring van perspectief vind je iets eerder, wanneer de ik-persoon het reilen en zeilen in zijn nieuwe thuis, een lawaaiig bordeel, beschrijft:

'O, die bange laffe ontucht van onze tijd. Niemand durft, iedereen is bang gezien te worden. Fatsoen vóor alles; het kleine, strakke fatsoen van kleine burgerzielen. Nooit een grootheid van zonde, een immens satanisme. Nergens de Orgie. Alles moet rustigjes geschieden. Het slot moet goed sluiten. Als grootste tentatie in de kamer een berichtje aangeplakt, dat er halve flesjes champagne zijn te verkrijgen, à 5 fr. De huichelarij wordt even door de spasme onderbroken en daarna weer het masker van netheid voor. Ik gaf mijn ziel voor één uur van antieke bandeloosheid.'

De wellust van een half flesje champagne in een bordeel. Ook de onderwereld blijkt ingesnoerd en alledaags – geen rijk van de verbeelding. En zonder geld blijkt vrijheid onmogelijk. In het dagboek van de ikpersoon volgt een impliciete bekentenis: 'Ik schrijf liever niet op hoe ik aan die 65 fr. kom. Als ik deze bladzijde inzie, weet ik het wel, voor mij... je kan niet alles opschrijven. Gestolen heb ik ze niet. Maar ik heb meer het land er om – geloof ik – dan wanneer ik ze eenvoudig gestolen had. Toch doe ik het niet meer... me zó verkopen.'

Dromen van een orgie bevredigt misschien wel meer dan er werkelijk een organiseren – ook op satanisch gebied gaat de verbeelding boven de realiteit. Intussen zijn we heel dicht bij de subliem ranzige geest van oom Anton Derckz in *Van oude mensen*, een roman die Couperus in Nice schreef. Anton heeft boeken met platen van Pompeiiaanse orgiëen achter in zijn boekenkast verstopt, die tijdens een bezoekje tot haar niet-begrijpende ontsteltenis ontdekt worden door zijn preutse zuster Stefanie. Zijn werkelijke seksleven is duister en illegaal. Wanneer Anton, die in de familie bekendstaat als 'een oude vuilik' maar over te veel geld beschikt om hem uit de familie te stoten, tegen zijn zin op babybezoek moet, rijdt hij onderweg in het rijtuig ter compensatie tegen zijn jonge nichtje aan. 'Hij stelde zich schadeloos, door warmpjes tegen Lili zijn knieën te leunen en haar fris lichaam aan te voelen... Zijn ogen troebelden.'

Oom Anton is ook de eerste, en wellicht de enige, pedo in de Nederlandse literatuur: 'Hij had een afkeer van pas geboren kinderen, hoewel hij kinderen, als ze een paar jaar waren, wel eens héél lief had gevonden... Het troebelde hem voor de ogen, maar hij beheerste zich in zijn sombere drift en in de modder van zijn gedachten en hij deed goedig-gezellig als de peet- en erfoom, die al zijn geld aan het mormel zou laten.'

Zelfs op zijn oude dag kan Anton zich niet beheersen: 'En bijna had hij, oud als hij was, een heel beroerde zaak gehad: handtastelijkheden, die hij zich nog had vergund op het kleine meisje van zijn wasvrouw.'

Net als het onafgemaakte 'De hoogere onbewustheid' is *Van oude mensen*, dat een paar jaar daarvoor werd geschreven, doortrokken van drift en lust – en wrange weemoed over het onherroepelijk afsterven van die emoties. Overspel, seksuele chantage, moord uit hartstocht, pornografie, pedofilie, onwelvoeglijke betastingen, onanie, onderdrukte hysterie – achter de onaangedane façade van het bedaarde Haagse leven woedt een storm van wellust. De moord in Indië die de levens van de Haagse personages in zijn greep houdt, is een moord uit passie: 'Geen mensen, geen mannen meer, maar béesten, die om een wijfje vechten.'

Alles in deze roman wordt gekleurd door seks; zelfs de personages die hun gevoelsleven onderdrukken, zien alles in seksuele termen, zoals de zwaar godsdienstige tante Stefanie: 'Want de dingen des vlezes, zelfs onder de sanctie van het huwelijk, vond zij toch altijd wel enigszins zondig, en haar katers had zij ook altijd laten opereren: katten die zo dol en hysterisch doen, tweemaal in het jaar, in de goten der daken, had ze nooit bij zich geduld en met verkneuterende voldoening had zij eens opgelet in haar kooitje, dat twee mannetjes-sijsjes zich vergisten, en niet begrepen, waarom zij niet paren konden, tot dat zij, na vergeefse liefde en weemoedig gepiep, heel stilletjes naast elkaar op hun stokje waren gaan zitten en zo hun kooivogeltjes-leven gesleten hadden, met treurige oogjes, trots klontjes suiker en blaadjes sla. Net goed, had tante gedacht, en toch hield ze wel van haar vogeltjes.'

De passie tussen de twee stokoude mensen, die tot een moord heeft geleid, roept bij hun nakomelingen verschrikking op, maar ook fascinatie. Lot Pauws, de passieloze beschouwer: 'Die oude mensen: dàt te geloven als je ze nù ziet! Liefde... passie... in die oude mensen te moeten begrijpen!' Zijn eigen moeder is drie keer uit impulsieve hartstocht getrouwd, de laatste keer heel ongelukkig. Zijn stiefvader zegt hem: 'Wij blijven samen om niets. Om dingen, die voorbij zijn. Om passie, die voorbij is: één moment van dol, krankzinnig blind zijn, van niet meer weten, van alleen willen hebben...'

Harold, zoon van de stokoude mama Otilie, probeert zich bij het zien van haar nu 'tandeloze mond' en bevende vingers voor te stellen hoe haar passie haar eens haar minnaar deed ophitsen haar eigen man dood te steken: 'Hij heeft medelijden, de zoon, die weet, en die vermoedt wat hij niet weet, omdat hij kent de ziel van die moeder, hare ziel nu verstompt en verdoft, in de wachting op des lichaams afsterven, maar hare ziel éens van passie, van drift, van liefdevrouw, van kreole, van op één ogenblik geheel de wereld en het leven kunnen vergeten voor één moment van zaligheid of ... misschien van haat!'

Ook in *Van oude mensen* biedt het zuiden een ontsnapping naar een volle, maar gelijkmatige hartstocht: de seksloze en smetvrezerige Lot Pauws, die sterk verwant is aan Paul uit *De kleine zielen* en dus ook aan Couperus zelf, ziet op zijn tamme huwelijksreis met zijn Elly hoe zijn zuster Ottilie in Nice het geluk heeft gevonden bij haar Italiaanse vriend Aldo. In het zuiden ('Nice is een leerschool voor je, Elly, vóór je in Italië komt!') versterft de passie niet, maar wordt die telkens herboren:

'"De winter is hier weer het leven, vernieuwd. Het leven vernieuwt zich iedere dag!" [...]

"Dus geen afsterving, maar altijd herleving?" vroeg Lot met een glimlach.

"Geen afsterving, altijd herleving!"

Haar overmoedige stem juichte. O, het moment... het moment brutaal te omhelzen! Het was niet voor hem, dacht Lot. Maar wat er was, was een teder geluk. Als het zo maar bleef... Als hij maar niet eenzaam, alleen, achter bleef, en oud, nu hij het teder geluk gekend had.'

Het zuiden is het antwoord op Den Haag – en misschien wel het antwoord op het vraagteken. Het was slechts een kwestie van tijd voordat Aldo, de mooie, Italiaanse man, uit de benauwde bladzijden van *Van oude mensen* stapte en via nog weer een verhaal over het noorden dat het zuiden zoekt, *Aan den weg der vreugde*, het leven van Couperus zélf binnenstapte.

Bekentenis

Zoals gezegd, in zijn latere literair-journalistieke werk presenteert Couperus veel fictie als werkelijkheid – juist om ook het omgekeerde te kunnen doen. Zijn 'auto-indiscreties' in de feuilletons brengen biografen tot wanhoop, omdat nooit duidelijk is wat waargebeurd is, en wat verzonnen. Ook als Couperus zichzelf is, is hij een ander. De locaties kloppen vaak tot in de kleinste details, alsof Couperus er eer in legde in die beschrijvingen zo dicht mogelijk bij de werkelijkheid te blijven. Die reële setting vulde hij vervolgens, als een filmset, met verzonnen gebeurtenissen. Dat doet hij in zijn realistische romans, waar plaats en tijd vrijwel altijd herkenbaar zijn – de wandeling die de resident in het eerste hoofdstuk van *De stille kracht* maakt, valt in Pasoeroean nog helemaal na te lopen – maar ook, en dat maakt het voor biografen zo verwarrend, in zijn feuilletons.

In het feuilleton 'Bekentenissen' schrijft hij: '... en laat me mij dan u verzekeren, dat mijn grootste ondeugd, de wellust van mijn zondige ziel, deze is, dat ik volgaarne lieg! Begrijpt ge het? Dat als ik lieg, de leugen mij een zaligheid is, een wellust, een extase kan worden! Dat ik altijd gelogen heb! Dat ik nooit anders dan zal liegen! Dat de zalige leugen mij zo werd ingeboren, dat ik gelogen heb van klein jongetje af.'

De lezer is gewaarschuwd. 'Vertrouw mij nooit als ik u iets vertel. Ik heb het métier gekozen van leugenaar, ik meen romancier, van verteller en vinder, en ik heb u al vele, heel lange verhalen verteld, die woord voor woord leugen zijn, die of niet gebeurd zijn, of anders gebeurd. Wees overtuigd, dat, indien ze zó waren gebeurd, als ik ze u heb verteld, ik ze u anders verteld zou hebben. De leugen is mijn satanisme, voor de leugen kniel ik devotelijk neer, en aanbid haar als de heerseres der wereld.'

De waarschuwing aan de lezer schudt deze ook wakker. Waarom voelt Couperus zich geroepen zijn lezers te bekennen dat hij alles heeft gelogen, ook wanneer hij over zichzelf schrijft – en waarom liegt hij? In hetzelfde feuilleton schrijft hij dat hij alles – taal, stijl – in het werk stelt om de lezer te ontroeren of te schokken, aan het huilen of aan het lachen te maken. Wanneer de lezer denkt dat het echt is, en denkt dat wat hij leest de waarheid is, de waarheid '*die ik haat*', dan heeft de schrijver zijn doel bereikt.

De waarheid *haten*? Ook de leugen is een metamorfose, een manier om een ander te zijn, om de bestaande wereld naar je hand te zetten. Voor schrijvers en journalisten die in hun werk de werkelijkheid zo dicht mogelijk willen benaderen, om over te brengen *hoe het was*, is schrijven noodzaak maar ook altijd een beetje een deceptie, juist omdat de opgeschreven werkelijkheid ook altijd weer verzonnen is, nooit de waarheid kan zijn.

Het doet denken aan de even hilarische als wrange scène in de film *Storytelling*, van de Amerikaan Todd

Solondz. Een studente in een creative writing class is aangerand door haar leraar: terwijl hij haar achterlangs neemt, dwingt hij haar 'Fuck me nigger!' te roepen. Ze schrijft het allemaal op en leest het tijdens de volgende les voor in de klas. Er wordt door haar medestudenten kritisch gereageerd, het verhaal wordt racistisch genoemd, lafhartig vanwege de projectie van haar eigen verlangens op een zwarte man ('totally phallocentric'), etc. 'But it happened! It's true!' roept de studente wanhopig. De leraar schudt zijn hoofd: 'Once you start writing, it all becomes fiction.'

Voor Couperus is dat juist niet wrang – voor hem is het een bevrijding. Dat alles een in meer of mindere mate onwaar wordt zodra je de ervaring of observatie neerschrijft, geeft hem juist de vrijheid om zich volledig te laten gaan. Omdat het allemaal niet letterlijk waargebeurd hoeft te zijn, omdat de Couperus in de feuilletons nooit helemaal Couperus is, zoals Couperus ook niet Hugo Aylva in *Metamorfoze* is, kun je ruim baan geven aan emoties en preoccupaties die je nooit onder woorden had kunnen of durven brengen, wanneer ze niet waren ingebed in een fictieve werkelijkheid. De feiten van ons bestaan vertellen slechts een beperkte waarheid over onszelf – in onze verbeelding wordt ons de diepere waarheid, of waarheden, over onszelf onthuld. Dat is wat Couperus bedoelt, wanneer hij interviewers afwimpelt met de boodschap dat alles over hem in zijn werk te vinden is.

Een verzonnen Orlando vertelt je meer over wat Couperus beweegt dan een echte. 'Never trust the teller. Trust the tale', zoals het bekende adagium van

D.H. Lawrence luidt in zijn *Studies in American Literature*. Couperus zou instemmend geknikt hebben.

In zijn afkeer van de directe zelfonthulling vindt hij ook de Amerikaanse schrijver F. Scott Fitzgerald aan zijn kant, die begreep dat een schrijver nooit de betekenis van zijn eigen materiaal kan doorgronden. In een brief uit 1932 aan zijn vrouw Zelda, spreekt Fitzgerald zich uit tegen fictie als middel van zuivere zelfexpressie (Zelda had hun spectaculair moeilijke huwelijk in een roman van zich afgeschreven): 'Self expression simply doesn't exist. What one expresses in a work of art is the dark tragic destiny of being an instrument of something uncomprehended, incomprehensible, unknown...'

In zijn luchtige bekentenis over zijn leugenachtigheid doet Couperus voorkomen alsof het een spelletje is, alsof er voor hem niet werkelijk iets op het spel staat. Het is wanneer Couperus al te charmant voor zijn lezers wil zijn dat hij het meest lijkt op de praalzieke tuthola die zijn haatdragende tijdgenoten – en later veel van zijn dweepzieke bewonderaars – van hem hebben gemaakt.

Hij gaf zelf toe dat hij te veel schreef en heel wat van zijn badinerende proza is wat Engelsen *wordspinning* noemen, doorschrijven om voor de deadline het benodigde aantal woorden te halen. Daardoor wordt hij vaak behaagziek, zoals in dat omstandig dwepen met zijn eigen leugenachtigheid. Maar nog vaker is het een maskerade, charmeren om de serieuze inzet te verhullen. Het 'ingewikkeld spel met *Wahrheit und Dichtung*' zoals H.T.M. Van Vliet het noemt, gaat veel verder dan dat van de schrijver die in zijn journalistieke werk hier en daar bewust zijn beeld van de werkelijkheid bijsnijdt om beter over te brengen wat hij heeft meegemaakt of om zijn lezers niet onnodig op te houden. Bij Couperus die over zichzelf schrijft is het manipuleren van de werkelijkheid een essentieel onderdeel van zijn schrijven – zie de trots waarmee hij in 'Bekentenissen' zijn verdorven eredienst aan de leugen belijdt.

Natuurlijk liegt hij ook weer wanneer hij zijn lezers voorhoudt dat hij altijd liegt. Zijn 'auto-indiscreties' in zijn feuilletons mogen dan deels verzonnen zijn, ze zijn er niet minder persoonlijk om.

Couperus' ideale vriend Orlando mag grotendeels of zelfs helemaal verzonnen zijn, Couperus *moest* hem ook verzinnen, *moest* hem een plaats geven in de reële omstandigheden van zijn leven. Het moest lijken alsof Orlando echt bestond, echt een zuster had, en een landhuis. Het moest lijken alsof hij zich echt ontfermde over zijn vriend Gigi, echt met zijn grote, mooie warme lijf naast hem in het gras lag, kijkend naar het zonlicht op de vlakke Middellandse Zee – in de feuilletons moest de fictie diep doordringen tot in de werkelijkheid, waardoor die zelf getransformeerd leek tot iets wonderbaarlijks.

Dat wonderbaarlijke is het gelukkige huwelijk tussen het noorden en het zuiden. Wat in *Aan den weg der vreugde* nog onmogelijk is, een blijvende liefde tussen een nerveuze, overbewuste vrouw uit het noorden en een aardse, stevige man uit het zuiden, voltrekt zich even later in het leven van Couperus zelf –

het is de laatste tegenstelling die in Italië wegvalt. De mannen vormen een twee-eenheid, juist door hun tegengestelde natuur: Orlando bewondert Couperus vanwege zijn schrijverschap, zijn intelligentie, zijn roem. Andersom adoreert Couperus Orlando's brede borst, zijn sterke spieren en mooie handen, zonder gepolijste nagels en ring.

Het is de ultieme metamorfose, die van het volmaakte geluk in het hier en nu. Even hoeft de schoonheid niet meer in de museumgalerijen gezocht te worden, in wat voorgoed voorbij is. Hoe onsterfelijk mooi het witte marmer ook is – de echte schoonheid ligt nu tegen hem aan te slapen in het gras, zijn adem regelmatig. Ook schrijven is overbodig geworden: 'Nee, ik schrijf niet meer, nooit meer. Het is wel weemoedig, dat zó te besluiten, want het is mij zo líef te schrijven, maar toch: nee, nee... geen boeken meer! Niets doen: lui zijn: bestaan... wegdromen in het geluk van te zijn.'

Eigenlijk is er maar één probleem met de liefde tussen Couperus en Orlando. Hij is te mooi om waar te zijn.

Grauwe weemoed

In 1911 schrijft Couperus een raadselachtig feuilleton, getiteld 'Naar Rome', dat hij later opneemt in een van de verzamelbundels *Van en over alles en iedereen*. Het is een feuilleton dat veel te raden overlaat – maar nog meer onthult. Het begint met een treinreis die hij en zijn vrouw maken van Genua naar Quattro-Torre, het landhuis van zijn Italiaanse vriend Orlando en diens zuster Elettra. Het is somber, druilerig weer. Ze rijden door een grauw, vaal landschap, verstoken van licht en kleur. In hun coupé is Couperus getuige van een beklemmend tafereel: een bedillende Duitse professor en zijn jonge vrouw zijn op huwelijksreis. De man bemoeit zich aan één stuk door met zijn vrouw – hoed op, hoed af, *Pelzjacke* aan, *Pelzjacke* uit – en kan het bovendien niet laten bij ieder station hardop de aankomsttijd te melden. Couperus krijgt medelijden met de jonge vrouw. Hij schrijft dat hij het haar zou vergeven wanneer ze er dezelfde avond nog vandoor zou gaan.

Op het station worden ze opgehaald door Orlando. Ook op Quattro-Torre is het donker en nat; de stemming is bedrukt. Orlando moet dringend naar Smyrna voor zaken, want de zaken gaan niet goed. Couperus, door Orlando liefkozend 'Gigi' genoemd, probeert zijn vriend moed in te spreken en zegt hem dat hij nooit moet tobben over geldzaken (gezien zijn briefwisseling met zijn uitgever L.J. Veen deed Couperus zelf weinig anders).

Dan vraagt Orlando hem ineens om mee te gaan naar Smyrna. Couperus mompelt excuses. Zijn vrouw zegt dat wanneer hij het graag wil, het wel gaan zal. Orlando trekt Gigi mee naar buiten, de vochtige avondlucht in; hij ziet niet dat Couperus lakschoenen aanheeft. Die raken langzaam doorweekt, terwijl Orlando zijn vriend opnieuw probeert over te halen met hem mee te gaan. Couperus zegt opnieuw dat het niet kan, zonder dat hij expliciet zegt waarom niet. De beide vrienden gaan weer naar binnen en zittend bij het haardvuur, waar de slapende hond Nerone een benauwde droom heeft, is het duidelijk: Gigi zal niet met Orlando meegaan naar Smyrna. Buiten steekt de wind op en de regen klettert tegen de ramen. Binnen in het vertrek, schrijft Couperus, heerst ondanks het fijne haardvuur en de glaasjes grog 'een zachte, intieme melancholie'.

Dat is het hele verhaal. Maar in een losstaand slotakkoord ontsluit Couperus plotseling een weids vergezicht. De dingen in het leven zijn niet altijd groot, schrijft hij. 'Wij zijn kleine, heel kleine mensen; wij zijn kleine, heel kleine zielen, en de dingen van het leven, *ons* leven, zijn meestal klein, heel klein en heel onbeduidend. Want zij zijn wel eens samen geweven van slecht weer, natte voeten en... een beetje geld minder en wat zorg om de toekomst en wat droefgeestigheid om tijdelijk afscheid. Maar door al die kleine dingen schemeren de grote dingen, de grote dingen, die toch ook heersen over onze kleine levens en zij zijn de Schoonheid, de Poëzie en de Vriendschap, de Liefde... En als zij niet áltijd met zich mee voeren de zonnegoudlachende Vreugde... zullen wij de Goden niet toornen... Maar ons vroom schikken in de grauwe weemoed, en die met een zachte glimlach aanvaarden, als het niet anders kan... Vooral omdat in de Weemoed nog zo veel schoons schuilt, en zo veel liefs heel even komt zien om de hoek...'

De grauwe weemoed hangt over dit feuilleton als een sluier van regen – maar waarom? Wat vertelt Couperus? Vriendschap, liefde? De anekdote zelf lijkt weinig aanleiding te geven tot zoveel melancholie, een 'zachte glimlach' of niet. Het is slecht weer, Orlando moet op reis, omdat de zaken slecht gaan, hij vraagt Couperus mee te gaan, maar dat gaat niet, vanwege een onduidelijke reden. Als je ervan uitgaat dat wat er beschreven wordt, echt is gebeurd, dan nog heb je het gevoel dat er meer niet wordt verteld dan wel. Ja, als Orlando de grote liefde van Couperus is, de grote, stevige man die hem alles geeft waarnaar hij zijn hele leven verlangd heeft, dan ben je getuige van een tragische capitulatie voor wat haalbaar is. Couperus is loyaal aan zijn vrouw, zijn trouwe kameraad, hoewel die hem grootmoedig toestemming geeft zijn hart te volgen; met Orlando meegaan op reis zou impliciet een keuze voor een relatie met een man betekenen, wat Couperus sociaal tot een paria zou maken; en het is financieel niet haalbaar. Couperus komt altijd geld tekort, hij zou zichzelf en zijn vrouw in de problemen brengen met zijn plezierreis, die eigenlijk geen plezierreis is. De grote verwachting die de uitnodiging van zijn vriend in hem wakker maakt kan niet worden ingelost.

Is het fictie, of grotendeels fictie, dan wordt in wezen hetzelfde verhaal verteld. Het kersverse, verstikkende huwelijk van de Duitse professor met zijn jonge vrouw echoot de benauwde sfeer die op Quattro-Torre heerst – een groepje mensen, nauw met elkaar verbonden in tegenstrijdige relaties, gevangen in een realiteit die hun niet toestaat hun verborgen, grote verlangens te verwezenlijken, uit hun zorgvuldig opgebouwde bestaan los te breken en een ander, wellicht rijker leven te verwezenlijken.

Achter de kleine dingen in ons leven gaan de grote dingen schuil. Het zijn de grote dingen die de kleine dingen in hun greep houden, kracht en betekenis geven – maar uiteindelijk bepalen de kleine dingen de omtrek van het bestaan. In je verbeelding zijn de mogelijkheden van een leven ontelbaar, in de werkelijkheid is ieder leven hopeloos beperkt. Noem het lotsbestemming, noodlotsgedachte, of gewoon het leven zelf.

Er is niets tegen te doen, zegt Couperus, het is zoals het is – maar wanneer je je neerlegt bij wat onherroepelijk is, betekent dat nog niet meteen een tragische nederlaag. Berusting hoeft niet tragisch te zijn. Ieder leven blijkt uiteindelijk begrensd en beperkt, maar zoals Marguerite Yourcenar schrijft in *L'oeuvre au noir*: 'Wie zou zo dwaas zijn te sterven zonder tenminste zijn gevangenis te hebben verkend?'

Wanneer Couperus zijn feuilleton ‘Naar Rome’ schrijft, is dat meer en meer zijn levenshouding geworden – verwacht niet te veel, neem het leven niet serieus, aanvaard wat is gegeven. En wanneer het leven niet licht te maken is, probeer dan in de weemoed iets moois te ontdekken.

Tegen Orlando zegt hij, in een ander feuilleton: ‘Ik, Orlando, verveel me altijd. Ik ben vol ideeën, vol plannen, ik schrijf boeken en ik verveel me altijd. Ik reis, ik zie allerlei mooie dingen van kunst, waar ik dol op ben, en ik verveel me altijd. Altijd. Ik verlang altijd vage dingen.’

Wanneer je verlangens groter zijn dan de werkelijkheid kan bevatten, wanneer de hartstochten in je hoofd onmogelijk hun beslag kunnen krijgen in een bezadigde werkelijkheid, kun je twee kanten op. Je kunt reiken naar een almaar wijder verschiet, verder dan de verste horizon in je bestaan – daar wacht een absolute, verlossende waarheid, een staat van oneindig welbevinden, een opgaan in iets dat de grenzen van het menselijk bestaan voorgoed opheft – Nirwana, het licht, God. Je kunt ook precies de andere richting opgaan – niet steeds verder, steeds hoger, maar je blik almaar dichter op jezelf richten, steeds beter kijken naar wat er al is, je hele bewustzijn op de werkelijkheid richten en in je eigen leven en omgeving de glans van transcendentie ontdekken. De schoonheid in het alledaagse, God in het detail, de eeuwigheid in het vluchtige moment.

Couperus doet allebei. Wanneer goede schrijvers slecht schrijven, en Couperus kon heel goed slecht schrijven, gaat het meestal over hun diepste verlangens.

In de theosofie vindt hij een tijd lang een panklare mystiek die tegemoetkomt aan zijn instinctieve gewaarwording dat hijzelf niet zichzelf is en de wereld niet de wereld; de occulte operette van Madame Blavatsky c.s. beantwoordt voor een deel en voor even aan zijn onuitroeibare hang naar sprookjesachtige kitsch en krijgen hun weerslag in de eindeloze prozastromen van bijvoorbeeld *God en goden* en andere 'theosofische' vertellingen over de ziel die de wereld wil ontstijgen en opstijgen naar het licht – verhalen waarin de woorden iedere reële betekenis ver achter zich laten.

De Orlando-idylle, het verlangen dat zijn beslag krijgt in de tastbare werkelijkheid van een mooie, eenvoudige man in Italië, is wel geloofwaardig – het levert een aantal intens ontroerende stukken op, omdat Couperus er werkelijk in slaagt het leven licht te maken. Ongrijpbare emoties en gemoedstoestanden, dagdromen, luiheid, loomte, slaap, de warmte en het licht van de zon, de lichtheid van een lichaam in zee, ga op in het moment, pluk de dag, neem het leven licht – even lijkt het leven veranderd in één lange vakantie, met de belofte dat het altijd duren kan.

Dat kan het niet. Op het hoogtepunt van de idylle, zoals die beschreven wordt in de reeks feuilletons 'Lof der luiheid', neemt Couperus plotseling afscheid van Orlando en zijn zuster Elettra. 'Waarom heb ik hen verlaten? Alleen omdat ik veranderen moest. Om geen andere, om geen andere reden. Ik voel mij ellendig, afschuwelijk eenzaam, eigenlijk diep ongelukkig. Ik had álles bij hen, wat een mens kan verlangen, en ik heb dat alles verlaten, alleen omdat ik verlangde naar verandering, hoewel ik van te voren wist, dat die verandering véel minder zal zijn.'

Hij stelt zich voor hoe zijn vriend hem mist: 'Want ik ben hem nodig, als hij mij nodig is. Mijn grillige, onevenwichtige, soms vrouwelijke, soms kinderlijke, soms dichterlijke, dol-vrolijke of diep-melancholieke natuur is hem levens-onmisbaar geworden. Ik geef hem alles wat hij niet heeft, om hem te laten voelen, dat hij een ziel heeft, een hart heeft, zenuwen en niet alleen spieren. Zonder mij, bleef hij massief. Ik heb hem laten vibreren. Het beeld is een mens geworden. De gymnast werd een vriend. In de onbewuste droom van zijn regelmatige luiheden tekent de plastiek van zijn vriend Gigi zich af.'

Couperus voelt zich diep ongelukkig; waarom heeft hij Orlando verlaten? 'Ik heb in Frascati niets te doen. Ik zal er mij alleen en ellendig gevoelen. Maar ik kon niet meer, kon niet meer blijven: ik móest veranderen, want al gaven mij de goden het paradijs, ik zou het na een poos verlaten, omdat elk paradijs mij zou vervelen op den duur...'

De metamorfose is uitgeleefd. Het paradijs blijkt niet opgewassen tegen de onrust, de alledaagse werkelijkheid is opnieuw sterker gebleken dan de verbeelding. De kleine dingen hebben de grote verdrongen.

Al snel daarna zal Italië zelf een vervlogen droom zijn. De wereld staat in brand en Couperus is terug in Den Haag.

Het antwoordloze waarom

Iskander, Couperus' roman over Alexander de Grote, verschijnt in 1920, dat wil zeggen, tweeëndertig jaar na *Eline Vere* en twee jaar vóór Joyce' *Ulysses*. In de drie decennia tussen zijn Haagse debuut en de roman over Alexander de Grote, is er de opmars van de auto, bloeit het modernisme, krijgt de filmkunst zijn beslag, heeft er een wereldoorlog plaatsgevonden en Couperus zelf heeft zich bijna doodgewerkt. In 1920 is hij een veelschrijver met een grote reputatie en bescheiden oplagen, en allang niet meer bij de tijd: sinds *Van oude mensen* heeft hij geen werk van langere adem meer gepubliceerd waarin hij het heden verbeeldt.

Wat gevolgd is, zijn de feuilletons, de causerieën, de epigrammen, de reisverhalen, en kleine romans waarin hij de wereld van de actualiteit op een zo groot mogelijke afstand lijkt te willen houden. Het antieke Rome, de wereld van de Griekse oudheid, koning Arthur en zijn ridders, een donker hoofdstuk uit de geschiedenis van Granada, legendes, mythen, fantasieën – Couperus lijkt zich er alles aan gelegen te laten liggen tijdens de laatste jaren van zijn leven aan de tijd zelf te kunnen ontsnappen. Het gaat er niet langer om, lijkt het, de grens tussen heden en verleden op te heffen – het heden bestaat eenvoudig niet meer.

Die neiging komt niet alleen voort uit een persoonlijk, al dan niet bewust escapisme. Couperus ziet domweg geen toekomst voor het psychologisch realisme. In zijn biografie citeert F.L. Bastet een artikel van Couperus over de roman *Koningen* (1919) van Is. Querido, waarin hij de nieuwe Nederlandse literatuur met een even ironische als dodelijke vriendelijkheid het graf van de middelmatigheid in prijst.

Proef de ironie: 'Onzer dagen bloeien in den lande vele talenten. Onze schrijvers en schrijfsters zijn bijna allen talentvolle; zij hebben bijna allen min of meer talent en onze hedendaagse letterkunde is de bij uitnemendheid talentvolle, rijk bezaaid met romans en novellen [...] Het gaat maar door: roman volgt roman, novelle novelle; men behoeft maar redacteur van een maandschrift te zijn om aan den lijve te ondervinden hoeveel talentvols in novelle en roman er door onze letterkundigen geproduceerd wordt.'

En na al dat talentvols volgt de doodklap: 'Ik kan mij vergissen maar voor mij staat het vast, dat geheel deze literatuur – op een enkel meer dan talentvol en representatief werk na – ten ondergang is gedoemd binnen een halve eeuw, binnen tien jaren, binnen morgenochtend. Voor mij is de psychologische, bourgeoise roman en het dito kortere verhaal geschreven. Er is niet meer aan toe te voegen. Het is een uitgeput genre, dat nu geduurd heeft vanaf *Madame Bovary* of vroeger.'

'Het gaat maar door' – en het is steeds maar doorgegaan, tot op de dag van vandaag, tot aan de nieuwste romans over een hele rare jeugd, een fascinerende liefde, over dwarse mensen die hun draai niet vinden, die komende maand in de boekhandel zullen liggen. Het antwoord van Couperus op het modernistische dilemma – hoe kan de literatuur nog overtuigend vorm geven aan een voorgoed gefragmenteerde wereld? – lijkt op het eerste gezicht een ontkenning, een vlucht: de historische roman.

Deze schrijver probeert geen nieuwe vormen meer te vinden om het heden onder woorden te brengen, hij blaast een bij uitstek negentiende-eeuws genre nieuw leven in. In plaats van zich aan de actualiteit uit te leveren, zoekt hij onderdak in de tijdloze wereld van archeologie en geschiedkunde, literaire bronnen en gedenkschriften. De wereld gaat Mahler achterna, maar Couperus gaat naar de Italiaanse opera.

Is het enkel een vlucht? Als Couperus uit zijn raam kijkt, ziet hij een 'krakende wereld'. In een brief aan een kennis schrijft hij in 1919: 'U zal mij onverbeterlijk vinden maar omdat ik deze tijden, die de wereld doormaakt en die ik beleef, niet kàn over moderne mensen schrijven, schrijf ik een roman: Alexander en de Vrouwen. Het is de roman van Alexander de Grote en zijn psychologische verwording in Azië. Quintus Curtius, Arrianus en Plutarchos zijn de grootste bronnen... En zo een werk troost mij, maar ik geloof wel, dat het vreemd is...'

Zijn lezers vinden het ook vreemd, denk ik, vreemder in ieder geval dan *Eline Vere* of *De boeken der kleine zielen*. Van Couperus' grote romans wordt *Iskander* tegenwoordig het minst gelezen.

Maar *Iskander* is allesbehalve een relikwie van een

negentiende-eeuwse schrijver die na de Eerste Wereldoorlog definitief de weg kwijt was.

Het is een schaamteloze spektakelroman, sprankelend en schitterend aan de oppervlakte; een filmisch drama in cinemascope en technicolor, een epos in breedbeeld, met een behendige afwisseling van grootse massascènes en onverwachte, intieme close-ups – adembenemende scènes zoals die waarin de Perzische koning Dareios in zijn tent op zijn moordenaars wacht, of die waarin de maîtresse van een van Alexanders veldheren moet gadeslaan hoe haar man door valse beschuldigingen onherroepelijk zijn ondergang tegemoet gaat. Wat een duizelingwekkende cameravoering, wat een gevoel voor kleur en ruimtelijk perspectief.

De opening bijvoorbeeld: Macedonische troepen trekken door het zon geblakerde landschap van Perzië. Ze zijn op weg naar Tarsos waar Alexander zijn leger heeft verzameld; de soldaten hebben gediend onder de vader van Alexander, maar kunnen niet wachten om de mythische jonge vorst, die op het punt staat slag te leveren met de Perzische koning Dareios, te aanschouwen. Het is een massascène: Couperus plaatst de soldaten trefzeker in een oneindig uitgestrekt en verstild niemandsland, vol kale bergen en rotsen. Er verschijnt een groep zwarte Lybische vrouwen die aan piraten ontvlucht zijn. Ook zij hebben van Alexander gehoord en proberen van de soldaten alles over hem te weten te komen. De soldaten beschrijven hem nauwgezet, hoe hij eruitziet, hoe hij ruikt, de kleur van zijn ogen, zijn gedrag ('Alexander is heel kuis,' verzekerde Aristoxenes. 'Hij zoent niet zo gauw en laat zich zo gauw niet zoenen'). Maar zij hebben Alexander nog niet gezien, en de lezer evenmin. Dan verschijnt een hopman van het hoofdleger: hij meldt dat Alexander op sterven ligt.

Op de schok van die mededeling laat Couperus een scènewisseling volgen. We zijn in de tent van de zieke Alexander, die niet bij bewustzijn is. Een close-up: door de ogen van de geneesheer die hem verzorgt, bestuderen we zijn slapende gezicht. De geneesheer mijmert over Alexanders jonge leeftijd (hij is tweeëntwintig), zijn fabelachtige loopbaan als vorst en veroveraar, en het stralende licht waarmee zijn gelaat omhuld lijkt. Er vindt meteen een dramatische intrige plaats: Alexander is gewaarschuwd tegen de geneesheer, die zou zijn omgekocht door de Perzische vijand. Maar met de brief in de hand waarin van dat vermeende verraad verteld wordt, heeft Alexander koelbloedig het geneesmiddel gedronken dat zijn lijfarts hem heeft gegeven. Natuurlijk wordt zijn vertrouwen niet beschaamd; Alexander geneest, staat op, en gaat zijn troepen toespreken. Volgende massascène.

De laatste grote roman van Couperus is een historisch drama, exotisch, heftig, gekunsteld, melodramatisch zelfs, filmisch, maar het is geen Hollywood, geen Cecil B. DeMille. De roman doet eerder denken aan twee late, historische films van de Japanse cineast Akira Kurosawa, *Kagemusha* en *Ran*; achter een kleurrijke façade van veldslagen en hofintriges, gaan de tijdloze obsessies van een oude kunstenaar schuil.

Want *Iskander* is een samenballing van alle thema's van Couperus' kunst. De verwording van de jonge Alexander in Azië, zijn trage neergang van stralende jonge veroveraar naar vroegoude, van binnen uitgeholde, wrede despoot en dronkenlap, maakt hem van een historische figuur tot een couperiaans personage bij uitstek.

Het is een boek vol echo's. Waar gaat Alexander aan ten onder? In *De stille kracht* had Couperus de onverenigbaarheid van Oost en West laten zien, of liever, de onmogelijkheid van de ene cultuur, de westerse, om zich door middel van overheersing blijvend in de andere, de oosterse, te wortelen. Je kunt dat ook anders zien: iedere beschaving die zijn eigen context verliest, blijkt willekeurig, ten dode opgeschreven.

In *Iskander* bezwijkt de westerse overheerser voor de oververfijnde verleidingen van de Perzische beschaving. Tegenover Alexander stelt Couperus de kruiperige Perzische eunuch Bagoas, die zich aanvankelijk ontpopt als een melodramatische engel der wrake; hij zal de eenvoudige, krachtige overwinnaar langzaam ondermijnen door dans, drugs en seks. De mooie, slangachtige Bagoas lijkt een van die parasitaire, ogenschijnlijk passieve homoseksuele verleiders die in de Haagse romans van Couperus zo vaak opduiken, zoals Vincent Vere in *Eline Vere* en Bertie van Maeren in *Noodlot*. Hij is ook een witte hadji.

Maar halverwege de roman worden de rollen subtiel omgedraaid: terwijl Alexanders persoonlijkheid langzaam desintegreert en hij steeds wraakzuchtiger wordt, verandert Bagoas' haat in liefde. Alexander valt niet te redden door liefde, zelfs niet door de liefde van een mooie jongen; Bagoas moet ontdekken dat zijn rol ondergeschikt is, hij is slechts een toeschouwer, een instrument in een proces dat onafwendbaar is.

En opnieuw is er de stille kracht: 'Het was wat zweefde in de lucht als onzegbaar aroom en doordrong in bloed en ziel dier jonge veroveraars.'

De bejaarde filosofische veldheer Parmenion, die het slachtoffer van Alexanders paranoia zal worden, vraagt zich aan het einde van de roman af waarin die vernietigende kracht schuilt. Zijn het de Perzische vrouwen, de familie van de gevluchte Dareios, die de koning hebben ondermijnd? Is het Bagoas? 'En het was noch het een noch het ander, dacht Parmenion; het waren geen drank en geen dans, geen geurige weelde en verwekende, aloude wellusten maar het was dit alles tezamen, dat te vrezen was voor de Macedoniër, voor Alexandros, voor zijn eigen zoon Filotas, voor iedere veldheer, voor iedere soldaat, die reeds te lange jaren in deze landen marde...'

Uiteindelijk worden alle fundamenten onder Alexanders persoonlijkheid weggeslagen, zodat hij wordt teruggeworpen op zichzelf. Dat blijkt fataal. *Iskander* beschrijft de desintegratie van een persoonlijkheid die los is komen te staan van iedere culturele context en verblind wordt door hoogmoed, zoals Joseph Conrad dat doet met Kurtz in *Heart of Darkness*. In het begin van de roman is Alexander een en al genade en gerechtigheid, later leeft hij zich uit in willekeurige executies en blinde moordpartijen.

Maar op een gegeven moment brengt zelfs de wreedste terechtstelling geen voldoening meer. Hij beveelt zijn soldaten een man zijn neus en oren af te snijden, hem meteen daarna te kruisigen en hem dan met pijlen te doorboren. 'Hij wist niet wreder straf te verzinnen en slikte zijn speeksel van ergernis en onvoldaan wreedheidsbedenksel.'

Net als Kurtz ontwaart Alexander binnen in zich plotseling een gapende leegte, zo groot dat het hele universum te klein is om die te vullen. Overal probeert hij tevergeefs zijn sporen in de door hem veroverde wereld achter te laten: 'Alexandros stichtte de steden en noemde ze met zijn naam: in eenzaamheid en onder de zanden of sneeuw verzonken, bleven zij achter, achter de tred des Overwinnaars.'

Alexanders verovering van de wereld, de vervulling van zijn gigantische ambitie, leidt hem slechts naar een visioen van het niets. Wanneer hij het graf van zijn grote voorganger Cyrus laat ontsluiten, treft hij niets anders aan dan de stank van bederf en schimmel. Spinnenwebben, tot stof vergane gewaden, een halfvergaan, verstoft lijk: 'Het scheen ontheiligd, verwrongen: een been, gebroken, lag er los bij.'

Het graf van Cyrus, vanbuiten indrukwekkend 'welvend in zijn grauwwitten koepeldom', blijkt vanbinnen even duister en bedreigend als de Indische badkamer. Ook daar fladderen de vleermuizen, ook daar wordt de mens overweldigd door duisternis. Eenmaal in de donkere tombe verschrompelt Alexanders wereldse overmoed ineen, hij is nu niets anders meer dan een bange man, ronddolend in een onbegrijpelijke wereld. Ineens beseft hij de nietigheid en vergeefsheid van al zijn ambitie.

De onstuimige veroveraar Alexander de Grote eindigt zijn zegetocht over de wereld als een vanbinnen uitgehold man; hij wordt voortgedreven door machten die hij niet langer beheerst, sticht overal waar hij gaat zijn steden die vrijwel meteen weer tot stof vergaan. Boven alles uit rijst het vraagteken:

'Nieuwe koningen zouden in volgende eeuwen geboren worden, uit goddelijke of zelfs menselijke oorsprong; nieuwe oorlogen zouden gevoerd worden, nieuwe rijken zouden worden gesticht... en alles zou wederom de vreselijke stroom des Tijds meeslepen, achter latende de wanhopige, verbaasde mens, die zich af zou vragen het vreselijke, eeuwig antwoordloze waarom van al dit eindeloze worden en eindeloze vergaan der grootste, bereikbare dingen!'

Het eindeloze worden, het eindeloze vergaan, en het antwoordloze waarom; in deze roman vat Couperus niet alleen zijn oeuvre samen, maar drijft hij zijn thema's ook tot het uiterste. Het vergeefse zoeken van Eline Vere, de blinde zwakheid van Frank uit *Noodlot*, de gekte van Ernst met zijn vazen en de zelfmoord van Gerrit in *De boeken der kleine zielen*, de beperkte blik van resident Van Oudijck in Laboewangi uit *De stille kracht*, ze komen hier bijeen in een vernietigend slotakkoord.

De historische icoon Alexander de Grote blijkt onverwachts van twintigste-eeuws vlees en bloed – niks de troost van het verleden, niks het gerieflijke wegdommelen tijdens midzomerloomtes, niks 'mooie, lieve dingen'. De droom van Italië is ver weg. Zelfs de wurgende conventies van Den Haag doen hierbij vergeleken bijna aandoenlijk aan. De geschiedenis davert door deze roman. Ontsnappen uit de 'krakende' wereld is niet langer mogelijk.

De krachtige jonge blonde god eindigt als een losgeslagen, neurotisch, verslaafd, uitgehold wrak. 'Nu streed hij tegen zichzelven. Hij bedwong zich heviglijk; hij kampte als tegen vreemde, stille krachten, die nooit zichtbaar, tastbaar, zich openbaarden en die toch altijd waren om hem, vooral in hem, als zich nestelende Drukhs' en demonen. Vol scheen zijn ziel van deze larven: zij warrelden in zijn ziel als de vleermuizen en schorpioenen gewarreld hadden voor zijn voet, om zijn hand, in het Graf van Kyros.'

In de badkamer grijnst de wrede god.

Na Alexanders dood brandt de strijd om zijn opvolging los en spat 'het Macedonische bloed' tegen de Assyrische steenkolossen in het vreemde land. De cyclus van geweld en bloed kent geen einde.

Met *Iskander* maakt Couperus zijn woorden in het interview met André de Ridder in 1916 waar, woorden die toen nog als een uitvlucht klonken. Via de omweg van het door hem zo geliefde verleden is hem gelukt waar geen van zijn tijdgenoten, en ook weinig Nederlandse schrijvers ná hem in geslaagd zijn: de wereld waarin hij leefde op een visionaire manier het hoofd te bieden.

Iskander is Couperus' laatste roman.

De mystiek der zichtbare dingen

In 1929, vijf jaar na de dood van Couperus, verschijnt bij zijn voormalige uitgeverij L.J. Veen een beknopte bloemlezing uit zijn werk: *Werk van Louis Couperus*. De samenstellers, Dr. A.J. De Jong en Jacob Hiegentlich, die een lange inleiding aan het dunne boekje vooraf laten gaan, zitten merkbaar met de schrijver in hun maag. Bewondering en afkeer gaan gelijk op. Couperus kon prachtig schrijven, maar de manier waarop hij in het leven stond, daar was echt alles mis mee. Het idee dat een mens zijn lot niet in eigen hand heeft, dat hij de wereld waarin hij geboren is niet kan doorgronden en dat hij zich moet neerleggen bij wat hem gegeven wordt, die levensopvatting is volgens hen een gevaarlijke misvatting.

Gelukkig komt hoogmoed voor de val. 'Het Nederlandse publiek zag in hem de meestverfijnde bloei eener periode, het adoreerde hem, tot hij blind werd van hun enthousiaste blikken en zich vermoeid afwendde. Toen traden zijn beschuldigers op, vernietigend en met strenge ogen. Zij wierpen hem voor de voeten, dat hij 't Noodlot predikte, 't laffe determinisme, dat hij de mensen bedierf, dat hun een vals geluk voorspiegelde, een geluk dat hij voorgaf te bezitten. Zij stortten hun vloekpsalmen uit over zijn moede, gelauwerde hoofd. De laurieren dorden, sinds lang was zijn mond vertrokken in spijt, in wrangheid om de grote teleurstelling. Want hij, die zei gelukkig te zijn in zalig nietsdoen, wist wel, dat dit 'n waan is, dat 't bleke determinisme slechts onze levenszekerheid rooft.'

Couperus lees je om zijn schoonheid, zijn beschrijvingen van een vermoeide, ten dode opgeschreven samenleving, verder is het uitkijken geblazen. Maar het kwaad straft zichzelf. In al zijn werk is Couperus namelijk volstrekt *amoreel* en die eigenschap heeft zich volgens de bloemlezers uiteindelijk hard in het leven van de schrijver zelf gewroken: 'Dat dit leven met een volledig failliet geëindigd is, maakt alle propaganda voor 't determinisme als juiste levenswet onschadelijk. Wat wij leren is dit: een leven louter op genot gegrondvest eindigt met een stellig bankroet.'

Dat het leven van Couperus 'een voortdurend lang en smartvol lijden' (*sic*) is geweest, komt ook doordat hij verbeelding en werkelijkheid niet uit elkaar kon houden: 'Tegen de werkelijkheid was hij niet bestand. Hij liet zich gaan. Dromen en verbeeldingen verhelderden zijn donker bestaan even, maakten schoon wat hij zo lelijk zag.'

Determinisme, het zoeken van genot, de vlucht in de verbeelding – volgens de samenstellers heeft Couperus zijn leven lang op tragische wijze het paard achter de wagen gespannen: 'Wanneer een mens roekeloos 't Godsbegrip uit zijn denken verwijdert en de voorbeschikkingsidee blijft handhaven, hoe duister wordt 't dan in zijn ziel. Hij voelt wel de deur waardoor hij naar binnen moet, maar hij heeft de sleutel moedwillig weggeworpen. Zo duister was 't om Couperus.'

Een waarschuwing voor de lezers van nu is dus op z'n plaats. Als Couperus met zijn levenshouding – 'zich laten drijven op zijn gevoelens' – echt gelukkig was geweest, 'zoals sommigen zeer ten onrechte beweren', dan zouden anderen hem wellicht willen navolgen. Maar gelukkig heeft hij in zijn werk zelf laten zien hoe ongelukkig een mens van zo'n gelatenheid wordt, en hoe hijzelf in de fatale waan belandde 'dat alles vergeefs was'.

De samenstellers van de bloemlezing weten gelukkig beter: 'Niets immers is vergeefs en we moeten sterk staan in het leven.'

Couperus, besluiten zij, heeft de 'moedeloosheid' van het fin de siècle schitterend beschreven. 'Maar op de rand juist van de ondergang moge een nieuwe beschaving en een nieuwe kunst bloeien.'

Hun slotwoorden krijgen een wrange betekenis, wanneer je bedenkt dat een van de bloemlezers, Jacob Hiegentlich, student Nederlands en schrijver, joods, homoseksueel en later militant zionist, in mei 1940 op drieëndertigjarige leeftijd een eind aan zijn leven maakt.

Het is de fundamentele onzekerheid in Couperus' werk die de bloemlezers eind jaren twintig zo'n ongemakkelijk gevoel bezorgt. Dat ongemak is gebleven. Er zijn daarna nog talloze pogingen gedaan om Couperus onschadelijk te maken, om hem om te vormen tot een geriefelijke schrijver – een schrijver van vroeger. Dat de bloemlezers hem in 1929, het jaar waarin de wereld opnieuw heftig begon te kraken, op morele gronden afkeuren wegens een verderfelijke levensvisie is opvallend: ze hebben een goed oog voor de inzet van zijn werk, ook al gruwen ze ervan.

Na de oorlog richtte het ongemak zich vooral op zijn seksuele ambivalentie, de nauwelijks verbloemde preoccupatie met mannen, mannelijke schoonheid en mannenseks – wat voor veel anderen juist weer de aantrekkingskracht ervan was. Zijn hernieuwde populariteit begin jaren zeventig, vanwege de televisieseries naar zijn bekendste boeken, ging gepaard met een oplevend nostalgische verlangen naar vergane glorie – het fin de siècle-Den Haag van Eline Vere, het tempo-doeloegevoel over Nederlands-Indië – waardoor de existentiële onrust in het werk nagenoeg geheel schuilging achter het gekostumeerde drama.

Maar de vraag die Couperus zich van begin af aan stelde, wacht nog steeds op antwoord: hoe betekenis te geven aan een bestaan dat geen betekenis lijkt te hebben? De samenstellers van *Werk van Louis Couperus* hadden op één punt gelijk: het werk, hoe verschillend van toon en genre ook, is consistent in zijn voortdurend zoeken naar een antwoord op juist die vraag. De weg die Couperus in zijn werk heeft afgelegd, de verschillende antwoorden die hij heeft uitgeprobeerd – estheticisme, politiek idealisme, socialisme, humanisme, hedonisme, theosofie, pragmatisme, stoïcisme, boeddhistische onthechting – zijn, in hun hedendaagse gedaante en in wisselende populariteit, nog steeds de onzekere antwoorden die zich aandienen in de 21ste eeuw.

Het is de openheid van Couperus waarmee hij zocht, zijn poreuze persoonlijkheid, zijn grenzeloze verbeelding, zijn ontvankelijkheid, anders dan de stevig Hollandse resident Van Oudijck, voor 'de mystiek der zichtbare dingen', die Couperus nog steeds tot een ongemakkelijk schrijver maakt. Tenminste, voor wie de moeite neemt hem onbevangen te lezen.

Couperus was zich van dat ongemak bewust: geen Nederlands schrijver die zo goed onze aangeboren hang naar veilige conventies begreep, onze instinctieve neiging om onze blik te beperken, onze behoefte ons vast te klampen aan rigide waardenstelsels, de wijde blik te ontwijken, empathie als teken van zwakheid te beschouwen, onszelf geriefelijk terug te trekken in onze eigen kortzichtigheid. Den Haag is overal.

Uiteindelijk bleek de vraag zelf het antwoord. Gaandeweg groeide bij hem het besef dat die tergende onzekerheid juist een voorwaarde was om zinvol te kunnen leven. Het enige wat een mens te doen stond was van zijn benarde situatie zijn geluk maken, het leven niet te hoog te schatten, te berusten in zijn nietigheid, zijn geluk te vinden in het moment.

Het vraagteken zal altijd zijn. Minder dan twee maanden voor zijn dood, in mei 1923, maakte Couperus er een diepe buiging voor: 'Nee, het raadsel van het Leven, het waarom van het Leven, is mij steeds een te reusachtig vraagteken geweest, dan dat een mooie, gevoelige preek of een plechtstatig gevierde

Mis mij antwoord en troost zou kunnen geven. Dat vraagteken is mij te immens, te obsederend, te gruwzaam verschrikkelijk, dan dat predikant of pastoor mij er nader toe zouden kunnen brengen.'

Het antwoord is dat er geen antwoord is.

Dat is tragisch, ongetwijfeld, maar ook een bevrijding: 'Het geeft mij rust in mijn weemoed en mijn rampzaligheid, zeker te weten, dat ik niets beteken, dat mijn werk niet meer is dan het werk van een mier of een spinnetje of een zijdeworm en dat deze wereld met al zijn drukte, cultuur, vooruitgang, achteruitgang, techniek, kunst, wetenschap, godgeleerdheid, wijsbegeerte, astronomie en relativiteitstheorieën niet meer betekent in het Al dan een molshoop, dan een mierennest in veld, weide of bos.'

Verantwoording

Als gezegd, *Angst en schoonheid* is de neerslag van mijn bemoeienis met het werk van Couperus, dat zich over een groot aantal jaren uitstrekt. Hiervoor heb ik een aantal eerder verschenen teksten over de schrijver en zijn werk opnieuw tegen het licht gehouden en ingrijpend bewerkt, zoals mijn lezing *Het gezicht van Louis Couperus* (Veen, 1996) en het door het Louis Couperus Genootschap uitgegeven Couperus Cahier, *Angst en schoonheid; over Louis Couperus en Indië* (1996). Enkele passages uit dat Cahier werden, in een andere context, eerder gebruikt in mijn essay *Echt zien* (2011, Athenaeum—Polak & Van Gennep). Van een aantal andere hoofdstukken verscheen een eerste aanzet in het katern *Boeken* van NRC *Handelsblad*.

Het werk aan de documentaire over Couperus van Jan Louter, *Louis Couperus – niet te stillen onrust* (Miroir Film, 2013), gaf me de gelegenheid veel van Couperus' werk opnieuw te lezen en mijn interpretatie van zijn leven en werk bij te stellen of te nuanceren.

De citaten uit het werk van Couperus zijn afkomstig uit *De Volledige werken* in vijftig delen, verschenen bij uitgeverij Veen in de jaren tachtig en negentig van de vorige eeuw. Vanwege mijn overtuiging dat de vaak idiosyncratische stijl van Couperus voor veel moderne lezers al moeilijk genoeg is, heb ik de spelling aangepast. Naar mijn mening gaat er niets verloren wanneer je 'mensch' door 'mens' vervangt. Er is geen sprake van een hertaling.

Wie over Couperus schrijft, is schatplichtig aan een aantal kenners van zijn leven en werk. De biografie van F.L. Bastet uit 1987 is nog steeds een onmisbare bron van informatie over het leven van de schrijver. Het werk van H.T.M. Van Vliet is onschatbaar: bij het schrijven van dit essay heb ik niet alleen veel gehad aan zijn recente, door hem uitvoerig becommentarieerde uitgave van Couperus' *Correspondentie* (Athenaeum—Polak & Van Gennep, 2013) maar ook aan zijn studie *Eenheid in verscheidenheid; over de werkwijze van Louis Couperus* (Veen, 1996). Op de website van het Louis Couperus-genootschap staat een aantal fascinerende artikelen van verschillende auteurs over aspecten van Couperus' werk, en ook een groot aantal tijdsdocumenten, waaronder een felle verdediging van Couperus tegen zijn bloemlezers uit 1929 door Anthonie Donker.

Mijn dank gaat uit naar Suzanne Holtzer, Jan Louter en Rémon van Gemeren.

Angst en schoonheid is opgedragen aan Peter Verduyn Lunel – met dank voor het zichtbaar maken van de mystieke dingen.

Amsterdam, september 2013